水族是我国少数民族之一,本书对水族的自称与他称、来源、人口与分布,水族聚居地民族文化生态游和都柳江风景名胜,生活民俗,婚丧嫁娶,民族教育,民间医药与体育,社会生活,文学艺术,民间信仰与生活禁忌,文化遗产,水族人物,民族区域自治等内容进行全方位展示。

走近中国少数民族丛书　主编/丹珠昂奔

# 水　族
Shuizu

韦学纯　著

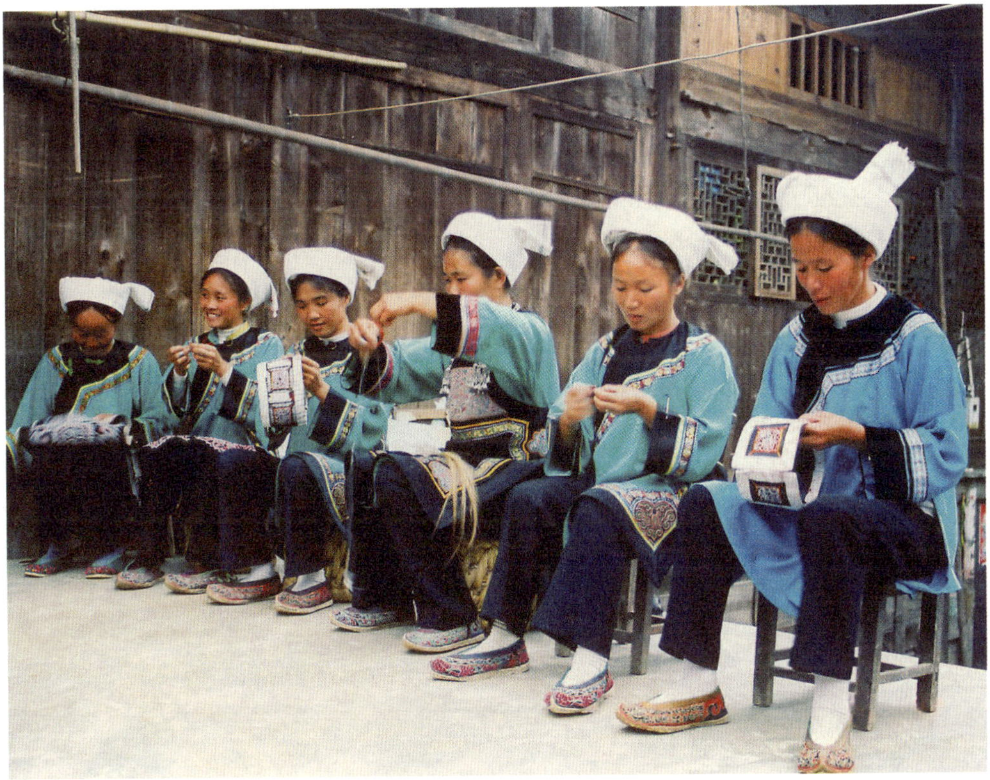

辽宁民族出版社

ⓒ 韦学纯　2014

**图书在版编目（CIP）数据**

水族 / 韦学纯著 . —沈阳：辽宁民族出版社，2014.12
（2020.5重印）
（走近中国少数民族丛书 / 丹珠昂奔主编）
ISBN 978-7-5497-0949-6

Ⅰ. ①水… Ⅱ. ①韦… Ⅲ. ①水族—民族历史—中国 ②水族—民族文化—中国　Ⅳ. ①K286.9

中国版本图书馆CIP数据核字（2014）第310614号

走近中国少数民族丛书·水族
ZOUJIN ZHONGGUO SHAOSHU MINZU CONGSHU·SHUIZU

丛书策划 / 李凤山

| | |
|---|---|
| 出版发行者： | 辽宁民族出版社 |
| 地　　　址： | 沈阳市和平区十一纬路25号　邮编：110003 |
| 印　刷　者： | 晟德（天津）印刷有限公司 |
| 幅面尺寸： | 170mm×240mm |
| 印　　张： | 12.5 |
| 字　　数： | 180千字 |
| 出版时间： | 2014年12月第1版 |
| 印刷时间： | 2020年5月第2次印刷 |
| 责任编辑： | 李凤山　吴昕阳　李 璜 |
| 封面设计： | 杜　江 |
| 责任印制： | 杨　雪 |
| 责任校对： | 边京爱 |
| 标准书号： | ISBN 978-7-5497-0949-6 |
| 定　　价： | 38.00元 |

网　　址：www.lnmzcbs.com　　邮购热线：024-23284335
淘宝网店：http://lnmz2013.taobao.com
如有印装质量问题，请与出版社联系调换　　联系电话：024-23284340

# 《走近中国少数民族丛书》编辑委员会

主　编 / 丹珠昂奔（藏族）

副主编 / 武翠英　张学进　李凤山（蒙古族）

编　委 /（按姓氏音序排列）

|  |  |  |
|---|---|---|
| 巴哈提（哈萨克族） | 白庚胜（纳西族） | 白兰英（蒙古族） |
| 陈　丹（彝族） | 杜　江 | 黄如猛（壮族） |
| 金顺玉（朝鲜族） | 李　璜 | 李　欣（朝鲜族） |
| 李有明（回族） | 吕　怡 | 莫福山（藏族） |
| 权春哲（朝鲜族） | 萨仁图娅（蒙古族） | 佟　强（蒙古族） |
| 吴昕阳（满族） | 徐　凯 | 殷德俭 |
| 张学林（朝鲜族） | 钟廷雄（壮族） | 朱　虹（蒙古族） |

## 《走近中国少数民族丛书》作者名录

《蒙古族》 萨仁图娅 (蒙古族)

《回族》 许宪隆 (回族)　张龙 (汉族)

《藏族》 丹珠昂奔 (藏族)

《维吾尔族》 艾克拜尔·吾拉木 (维吾尔族)
　　　　　买力克·买买提 (维吾尔族)
　　　　　伊利迪尔 (维吾尔族)

《苗族》 石莉芸 (苗族)　李云兵 (苗族)

《彝族》 陈国光 (彝族)

《壮族》 黄佩华 (壮族)

《布依族》 周国炎 (布依族)

《朝鲜族》 黄有福 (朝鲜族)

《满族》 于今 (满族)

《侗族》 杨筑慧 (侗族)

《瑶族》 玉时阶 (壮族)

《白族》 董建中 (白族)

《土家族》 罗中 (土家族)　罗午 (土家族)

《哈尼族》 朱志民 (哈尼族)　李泽然 (哈尼族)

《哈萨克族》 艾克拜尔·米吉提 (哈萨克族)
　　　　　　伊拉达·拉音别克 (哈萨克族)

《傣族》 赵瑛 (傣族)

《黎族》 罗文雄 (黎族)

《傈僳族》 鲁建彪 (傈僳族)　欧光明 (傈僳族)

《佤族》 郭锐 (佤族)

《畲族》 钟亮 (畲族)

《台湾少数民族》 林华 (台湾少数民族)

《拉祜族》 苏翠薇 (拉祜族)

《水族》 韦学纯 (水族)

《东乡族》 马兆熙 (东乡族)　马自祥 (东乡族)

《纳西族》 白庚胜 (纳西族)　孙淑玲 (汉族)
　　　　　白羲 (纳西族)

《景颇族》 金黎燕 (景颇族)

《柯尔克孜族》 阿地里·居玛吐尔地 (柯尔克孜族)

《土族》 祁进玉 (土族)　东永学 (土族)

《达斡尔族》 毅松 (达斡尔族)

《仫佬族》 黎学锐 (仫佬族)　黎炼 (仫佬族)

《羌族》 雍继荣 (羌族)　罗吉华 (羌族)
　　　　周发成 (羌族)

《布朗族》 陶玉明 (布朗族)

《撒拉族》 马成俊 (撒拉族)　马建新 (撒拉族)

《毛南族》 韩德明 (汉族)

《仡佬族》 周小艺 (仡佬族)

《锡伯族》 阿苏 (锡伯族)　盛丰田 (锡伯族)
　　　　　何荣伟 (锡伯族)

《阿昌族》 们发延 (阿昌族)　张斯齐 (蒙古族)

《普米族》 朱凌飞 (汉族)　杨周明 (普米族)

《塔吉克族》 西仁·库尔班 (塔吉克族)
　　　　　　阿力木江·西仁 (塔吉克族)

《怒族》 李月英 (傈僳族)　张芮婕 (傈僳族)

《乌孜别克族》 古丽巴努木·克拜吐里 (维吾尔族)

《俄罗斯族》 乃珂热曼·依布拉音 (塔吉克族)

《鄂温克族》 黄任远 (汉族)　那晓波 (鄂温克族)

《德昂族》 袁丽华 (汉族)　王燕 (汉族)

《保安族》 马少青 (保安族)

《裕固族》 董潇红 (裕固族)　王政德 (藏族)

《京族》 吕俊彪 (汉族)

《塔塔尔族》 卡米力·库尔马尤夫 (塔塔尔族)

《独龙族》 李金明 (独龙族)

《鄂伦春族》 王为华 (汉族)

《赫哲族》 黄任远 (汉族)

《门巴族》 陈立明 (汉族)　张媛 (汉族)

《珞巴族》 陈立明 (汉族)　李锦萍 (汉族)

《基诺族》 朱映占 (汉族)

# 总序

中国是一个统一的多民族国家。几千年来，有着悠久历史和灿烂文化的少数民族，与汉族一道，在中华大地上繁衍生息，共同开发着这块土地，建设、发展、捍卫着这个古老而伟大的国家。各民族都是兄弟，相互离不开，都是这个国家的主人。习近平总书记在第二次中央新疆工作座谈会上发表重要讲话，指出："要坚定不移坚持党的民族政策、坚持民族区域自治制度。民族团结是各族人民的生命线。要高举各民族大团结的旗帜，在各民族中牢固树立国家意识、公民意识、中华民族共同体意识，最大限度团结依靠各族群众，使每个民族、每个公民都为实现中华民族伟大复兴的中国梦贡献力量，共享祖国繁荣发展的成果。各民族要相互了解、相互尊重、相互包容、相互欣赏、相互学习、相互帮助，像石榴籽那样紧紧抱在一起。""要在各族群众中牢固树立正确的祖国观、民族观，弘扬社会主义核心价值体系和社会主义核心价值观，增强各族群众对伟大祖国的认同、对中华民族的认同、对中华文化的认同、对中国特色社会主义道路的认同。"因此，坚持平等、团结、互助、和谐的社会主义民族关系，不断增进了解，深化友谊，建立牢不可破的感情基础，是中国社会转型期、改革攻坚期、矛盾多发期保持社会稳定、发展的基本要求，也是实现中华民族伟大复兴的中国梦的基本要求。

为了进一步宣传我国少数民族的历史文化和民族风情，增强对少数民族的认识，宣传党的民族政策和方针，加深对党的民族政策的理解，加强各民族之间的了解与沟通，让读者了解少数民族，中华人民共和国国家民族事务委员会文化宣传司和辽宁民族出版社共同组织了《走近中国少数民族丛书》。

《走近中国少数民族丛书》的编写有以下三个特点：第一，采用图文并茂的形式、鲜活生动的语言、特色浓郁的图片与丰富的民族常识链接，向读者展示我国55个少数民族的历史渊源、民族变迁、社会生活、文化艺术、风俗习惯、历史人物和民族区域自治政策的伟大实践。第二，作者多为本民族的专家学者和与民族研究工作相关的专家学者，对自己撰述的对象既有深厚的知识积累，也有真挚的情感。第三，内容彰显了历史与现实、民族文化与地域文化、民族区域自治地方与散杂居地区少数民族生产生活的多彩画卷和轨迹，引导读者走近少数民族，聆听他们的古老传说，感受他们的发展变化，加深彼此的沟通和了解。这套《走近中国少数民族丛书》是面向民族干部和各级干部通览我国少数民族概况的普及读本，也是图书馆的必备藏书。

　　《走近中国少数民族丛书》所揭示的每一个民族的历史，都承载着这个民族的文化，也承载着这个民族的发展和未来。中华大地孕育的55个少数民族多彩斑斓的民族文化，同汉族文化一道从远古走到今天，汇入了中华文化壮阔的历史长河。"共同团结奋斗，共同繁荣发展"，保护、传承和弘扬少数民族优秀文化，不仅是推动我国民族团结进步事业的重要内容，也是构建和谐社会、实现中华民族伟大复兴的中国梦的重要使命。期待通过《走近中国少数民族丛书》，使广大读者徜徉于少数民族多彩风情的同时，更加深刻地了解和认知中华民族多元一体的文化内涵，感受中华民族悠久历史的深远与厚重。

丹珠昂奔

2014年6月26日

# 前言

## 水族 从亘古融入现代

水族自称"睢",主要分布在贵州省黔南布依族苗族自治州的三都水族自治县和荔波县的水利、水尧、永康三个水族乡,独山县的本寨、甲定、翁台三个水族乡,都匀市的归兰水族乡;黔东南苗族侗族自治州榕江县的三江、仁里、定威、兴华、水尾五个水族乡及塔石瑶族水族乡,雷山县的达地水族乡,黎平县的雷洞瑶族水族乡;云南省富源县古敢水族乡。其次分布在广西壮族自治区的南丹、宜州、融水、环江、都安、来宾、河池等县(市)。水族聚居区区域面积近2万平方千米。

根据2000年第五次全国人口普查统计,水族人口数为406 902人,其中贵州省水族人口数为369 723人,约占全国水族人口的91%,三都水族自治县是全国唯一的水族自治县,水族人口约占全国水族总人口的半数。广西壮族自治区水族人口数为15 476人,占全国水族总人口的3.8%。云南省的水族人口数为12 533人,占全国水族总人口的3.1%。

水族有自己的民族语言和民族古文字。水语属汉藏语系壮侗语族侗水语支水语群的一种语言。水语按互相之间的可理解度分类,可以分为三个土语区(或方言区),即三洞土语、阳安土语和潘洞土语。水语是壮侗语族中声韵母最多的一个语种,一般声母有50~80个,韵母有50~80个。云南省富源、彝良以及分布在六盘水等贵州西部的水族已经逐步放弃自己的母语,约占水族的7%,而使用汉语。在日常生活中,水族主要使用水语,据估计水语使用人口目前大约30多万人,约占水族的93%。

按语言使用情况,水族语言可以分为使用水语和转用当地汉语或者转用苗语的水族语言三个部分。使用水语的水族可以分为四个族群,分别是"睢柳""睢米""睢干"三个水族族群,还有一个族群是以三都县周覃镇和勇村、板孔村的吴姓、覃姓水族为代表过"苏年喜"的水族族群。"睢柳""睢米""睢干"三个族群分别对应三个土语区（或方言区）。"睢柳"使用三洞土语，过端节或卯节；"睢米"使用潘洞土语，过第一个端节；"睢干"使用阳安土语，过春节，这部分族群的水语与侗族侗语更为接近。同时，"睢柳"的水族说三洞土语分为中、西、东、南四个次土语，分别是过端节、卯节和额节的几个片区，中、西、东部过端节，南部过卯节或额节。说苗语的水族主要是与苗族杂居的水族族群，主要分布在三都县北部和东北部以及相邻县乡。和勇村的吴姓、覃姓水族所说的水语也属于三洞土语，属于三洞土语西部次土语。当然水语各个土语内部也还可以再分下去，分为不同的次次土语。本书的水语，用水语拼音拼写。

水族古文字是一种字形字体类同于殷商甲骨文的象形、形声、写意的文字系统。用水族古文字书写的书，水语称之为"泐睢"，汉语音译为水书。与甲骨文的"卜辞"文化一样，水书也主要体现为民间的"卜筮"文化功能，而不作为民间的主要交际工具。根据专家的统计，水族古文字大约有两千多个单字。水书历史悠久，大量研究表明，水书大约产生于夏商时期。

水书习俗是整个水族民间信仰的核心，而其表现的民间信仰则涉及人们生活的各个层面，水族的民间信仰主要表现在祖先崇拜、自然崇拜和鬼神崇拜几个方面。水族的水书被水族人普遍视为天地相通、人神对话的神秘信息符号，而水书先生被普遍视为水书知识的传承者、代表者，水书是水族信仰文化的代表。水族具有丰富的民族文化遗产，水书习俗、水族端节和水族马尾绣是水族的重要文化遗产。

水族是典型的南方稻作民族，是最早掌握水稻种植的民族之一。水族以水田种植水稻，一年一季水稻，另外一季则是种植油菜、小麦、大麦或者蔬菜。

水族具有独特生产习俗、饮食习俗、服饰习俗和居住习俗，水族地方具有丰富的极具地方特色的风物特产。过去水族地区普遍存在"寨老"制度，历来倡导尊老爱幼，扶弱济贫，去暴安良，户际互助。水族实行单偶从夫居的核心家庭，虽然强调男性家长的权威，但水族社会的发展，妇女在家庭和社会地位越来越受到重视。

随着经济和社会的发展，城镇化步伐的加快，水族同胞逐步融入现代社会各个行业之中，成为我国现代化建设的积极践行者，如今水族地区正在经历前所未有的深刻变化。

本书以图文并茂的形式，就水族的自称与他称、来源、人口与分布，水族聚居地民族文化生态游和都柳江风景名胜，生活民俗，婚丧嫁娶，民族教育，民族医药与体育，社会生活，文学艺术，民间信仰与生活禁忌，文化遗产，民族区域自治等内容进行全方位展示，引领读者走近和体验水族独特的文化天地，为广大读者走进水族地方以及了解水族文化而服务。

# 目录

| | |
|---|---|
| 总序 | 001 |
| 前言 | 003 |
| **第一章　远古走来的民族** | 009 |
| 水族的自称与他称 | 010 |
| 水族的来源 | 011 |
| 水族分布与人口 | 019 |
| | |
| **第二章　独特的民俗文化** | 023 |
| 生产习俗 | 024 |
| 饮食习俗 | 029 |
| 服饰习俗 | 034 |
| 居住习俗 | 039 |
| | |
| **第三章　民间信仰** | 045 |
| 祭祖与拜祖 | 046 |
| 自然崇拜与图腾崇拜 | 050 |
| 鬼神崇拜 | 056 |
| "薅"和"解" | 058 |
| | |
| **第四章　社会生活** | 063 |
| 传统社会组织 | 064 |
| 家庭礼仪 | 068 |
| 交往礼仪 | 070 |
| 亲属称谓 | 073 |
| 诞生习俗 | 076 |
| 取名习俗 | 078 |
| | |
| **第五章　独具民族特色的婚丧嫁娶** | 081 |
| 婚姻习俗 | 082 |
| 丧葬习俗 | 089 |

## 第六章　历法与年节 ... 099
水族历法 ... 100
水族年节 ... 100
水族非物质文化遗产 ... 111

## 第七章　教育、医药与体育 ... 115
民族教育 ... 116
民间医药 ... 123
民间体育 ... 129

## 第八章　文学与艺术 ... 135
水族民歌 ... 136
民间故事 ... 144
民间歌舞 ... 148

## 第九章　走进水族聚居地 ... 155
水族民俗村 ... 156
都柳江风景名胜区 ... 160
尧人山国家森林公园 ... 164
荔波——世界自然遗产地 ... 167

## 第十章　民族区域自治 ... 171
三都水族自治县 ... 172
民族乡 ... 174

**参考文献** ... 190
**图片提供者** ... 192
**后记** ... 193

# 第一章
## 远古走来的民族

水族主要分布在贵州、广西和云南，贵州省三都水族自治县及其周围县市是水族的主要居住地，人口40多万。水族有自己的民族语言和民族古文字，水语属汉藏语系壮侗语族侗水语支。水族主要来源颇有分歧，殷人后裔说和百越后裔说是最有影响的两种说法。水族是中华民族的一员，其历史与中华民族一样源远流长。

# 水族的自称与他称

水族是中华民族大家庭中的一个古老、勇敢、勤劳而文明的民族,她来自远古时代,具有悠久的历史文化。水族自称suic(音睢或虽),普通话"睢""虽"字都读suih,当地汉语话"睢""虽"字都读suic,正好与水族自称一致,suic(睢,虽)音译为"水"。水族自称中,可以加上一定的称谓,形成非常灵活的用法。用法非常多,但都离不开suic(睢)字。如:zenl suic, eic suic, laag suic, zenl henz suic, nix suic, bux suic,

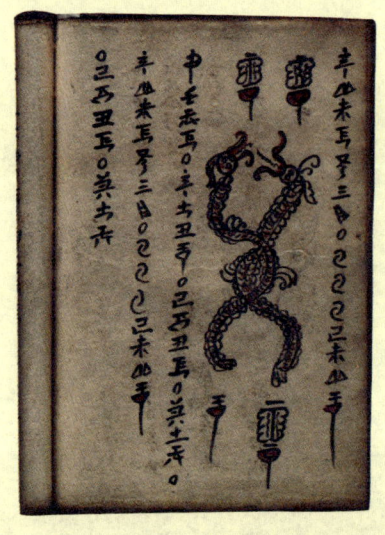

水书

daag suic, daag zenl suic 等等,其中suic(睢)前面语言单位是不同的称谓或者是具有某种特性"人"的意思。zenl suic(人睢)是水族人的意思,男女老少都可以使用;eic suic(挨睢)主要是水族成年男子的普遍自称;laag suic(腊睢)是水族小孩的意思,也可以用来进行自称;zenl henz suic(人恒睢)意思是水族地方的人;nix suic(妮睢)是水族妇女的自称或他称;bux suic(布睢),daag suic(答睢),daag zenl suic(答人睢)也可以用来水族成年男子的自称或者他称,其中bux suic(布睢)直译的意思是水族人的父亲,是水族对有子男子的称呼。总之,与其他民族相区别的意思只有一个suic(睢)字。

过去曾经有一段时间,水族曾经被称为水家、水家苗等,都与水族自称有关,但都不太准确,并可能引起不必要的误会,地道的水族人可能十分讨厌别人称自己"水家"或"水家苗",他们认为这是一种侮辱性的叫法。新中国成立后,根据民族意愿,1956年正式确定名称为水族。

一般认为，水族是水族自称zenl suic（人睢）的音译。水语中的日常"水"字的读音是namc（那目），而不是suic（睢），但水书中的"金木水火土"中的"水"字，念作suic（睢），并且水书中有"濉"字的，也读作suic（濉）。近来，有人认为水族与"金木水火土"的"水"（suic）或者"濉"字有关，这需要进一步考证。

水族到底是音译还是他称，目前仍然没有定论，但专家们觉得自称音译的可能性最大。

# 水族的来源

水族的族源问题比较复杂，目前专家尚未形成统一的看法，主要有殷人后裔说、百越后裔说、江南迁来说、两广迁来说、龙番后裔与东谢蛮后裔、土著民族说和源于古治水部族说等多种观点。其中最有影响的是殷人后裔说和百越后裔说。

### 水族是殷商的后裔

民国时期，张为纲、岑家梧等著名学者到黔南荔波、三都等地水族聚居的地区进行水族地理分布、水族来源、风俗志、水族妇女生活等方面的调查研究工作，开创了学者研究水族文化的新局面。张为纲、岑家梧两位先生认为水族是殷商的后裔，从此水族是殷商后裔的观点争论不断，但这个观点一直是保留的学术观点，同时为了找到足够的历史证据，人们仍然不断在努力之中。

1942年，汉族学者、社会学家张为纲先生到荔波水族地区进行社会调查，后在当时的《社会研究》第36期上发表了《水族来源试探》一文。从水族的姓氏（韦氏其先为颛顼大彭之后，"水"是"豕韦"合音而成）、文字（水书）、迷信（殷人尚鬼）、歌书（潘姓，起先封于潘水——在河南省荥阳市境，一说即汴水）等四个方面，推出"今之水家，盖即殷之遗民"的观点。水族是东夷系的一种，其先居东海之滨最久，武王灭商，其先随箕子东至朝鲜，继迁山东，由山东而江苏，而江西，最后到今日之

水书是水族为殷商后裔的重要证据

贵州。

潘朝霖教授等编的《中国水族文化研究》认为，水族在经历了女娲造人、洪荒遗民兄妹再造人烟和自然崇拜与祖宗崇拜结合的鱼图腾——鱼的传人等神话及现实的发展历程的基础上，结合水族诸多文化特征，进一步推测出水族古文化的发祥地应该在中原睢水流域及豕韦一带。

水族的民族自称——"睢""人睢"，悠久的古文字——泐睢，以及水族诸多积淀的中原文化因子，睢水流域及豕韦一带的处于殷商文化圈之内，认为是睢水的乳汁哺育了水族先民。滥觞于睢水及"豕韦"等地的水族先民古文化，尽管经历了殷商亡国的劫难，南迁百越之地寻求生存发展，并打上了百越的文化烙印，后来又避秦患，辗转溯流而上到龙江、都柳江上游地带生息，但是一直保留着"睢""人睢"自称及诸多相关的文化特质，保留着夏商周文化的诸多文化因子。

水族人饮睢河水，成睢人，至今保留着众多殷商文化因子，如：创世神仙名号相似；水书与甲骨文、金文有渊源；水族鬼多，与"殷人尚鬼"吻合；水语是遗存中原古语音的活化石；水书历法与"年"字的本义谷熟也相符；水族喜欢马及端节跑马习俗等文化。上述列举的事例说明睢水是水族文化的发祥地，处于夏商周文化圈中。

> **知识链接** **水族与睢水** 因为古代自称"睢""人睢"的水家先民发祥于此而得名，又因睢水的显著地理特征巩固和加深了"睢""人睢"的社会影响，这是地因人而得名，到人因地而显扬的发展轨迹。睢人住在睢水，睢水流域资源养育睢人，这就是形成水族群体数千年来永远不变的族称"睢""人睢"的根本原因。

水族对民族自称"睢"的认同，是这个民族经历几千年支撑到现在的精神支柱。唯有族称的认同，才能谈得上民族的存在和发展。

何光岳著《百越源流史》认为，骆越起初由两个不同的民族结合而成，即骆人自黄河南迁到江南后，与早已先由黄河迁到江南的越人群的一支结合，逐渐形成骆越。骆人系出黄帝之后的任姓，越人则为夏禹之后。

作为殷人后裔的水族先民骆人和越人结合，形成骆越，使水族打上骆越的文化烙印。水族历史上出现过两次重大的大迁徙：一是殷商亡国后从中原向南迁徙，与越人结合形成骆越；二是秦发兵岭南后骆越由南往北向今黔桂交界地区迁徙。也就是说，早在夏商时期，水族先民就生活于中原睢水流域及豕韦（现在的河北、河南）一带，是当时王朝的贵族，司掌朝中的历法和祭典活动。

殷商晚期，周王朝兴起，出兵伐商，殷商子民就面临劫难。殷商灭亡后，周朝建于伊洛之间，东周平王又迁都洛邑，迫使水族先民放弃故地，依依不舍地离开发祥地的睢水，踏上漫漫而艰难的南迁之路。

水族是殷商后裔的说法认为，水族先民开始于河南，经湖北、湖南到广西一带，然后融入南方古代的百越族群中，与百越民族共同生息了八百余年。

公元前221年，秦始皇统一六国之后，发兵五十万攻打岭南，三年之后征服了这片地区。由于战乱，水族先民举族溯流向北进行了历史上第二次大规模的迁徙。到龙江、都柳江上游的黔桂交界地之后，终于有了相对稳定的休养生息的环境，逐渐发展成为单一的民族。

唐朝建立后，推行开明而兼容的民族政策，于百年之间就在水族生息地区如现在的三都地区设置都尚县，在恒丰地区设置了婆览县、羁縻莪州、劳州、抚水州等，水族作为单一民族在政治上得到了确认。从此以后，大部分水族人就在这些地区过着定居的农耕生活。

## 水族是百越的后裔

百越亦称越族或古越人，是我国东南和南部古代民族的名称。

> **知识链接　史籍中关于百越的记载**　百越一名最早出现在《吕氏春秋·恃君》篇，文曰："扬汉之南，百越之际。"高诱注释"百越"曰："越有百种。"《汉书·高帝纪》师古注释"百越"引服虔曰："非一种，若今言百蛮也。"《文选·过秦论》李善注引《音义》曰："百越非一种，若今言百蛮也。"《汉书·地理志》师古注引臣瓒亦言："自交趾至会稽，七八千里，百越杂处，各有种姓。"

据史书记载，越族的祖先可能是华夏族，《史记·越王勾践世家》中曾有"越王勾践，其先禹之苗裔，而夏后帝少康之庶子也，封于会稽，以奉守禹之祀"的记载。春秋战国之际，著名的越王勾践打败吴王夫差后，曾"致贡于周，周元王使人赐勾践胙，命为伯"。从此句可见，勾践自认与周的关系是"君臣"的关系。战国早期，楚悼王用吴起曾一度"南平百越"，而到了战国晚期，楚威王打败越王无疆后，越族开始"服朝于楚"，成为楚国的一部分。到前223年，秦国军队灭楚后，于第二年由大将王翦率军继续南进，夺取了越地一部分，建立了会稽郡。当秦王朝建立后，越人主要分布在今广东、广西、云南、福建一带。由于越人没有形成国家，只有部落或部落联盟，且族类甚多，故中原人习惯上把他们统称为百越。历代史家和注家均一致指出百越民族系分布在我国长江下游南北两岸的东南和南部地区，并且认为它不是单一民族的族称，而是多个民族的泛称，包括句吴、于越、东瓯、闽越、南越、南海、西瓯、骆越及滇越等部族，百越的典型文化特征是稻作农业、桑田纺织、青铜冶铸、造船行舟、断发文身等。

村寨远景

百越后裔说认为水族是由"骆越"的一支发展起来的。水族古代先民离开广西的邕江流域,经今河池、南丹一带沿龙江溯流而上,往今黔桂边境迁移,逐步形成今天水族生活的分布态势。百越民族包括今壮族、傣族、布依族、侗族、水族、仫佬族、毛南族、黎族等说壮侗语族语言的民族。

大部分学者认为,水族是百越后裔,是古时的百越民族。由于居住地区的不同,唐宋以后,逐渐发展起来成为一个统一的民族。中国社会科学院学者梁敏研究员根据语言学、民族学和历史学的研究成果,认为水族是世代居住在我国南方的一个古老民族,起源于南方百越族群的瓯、骆或濮支系,与壮、侗等民族有同源关系;水语属壮侗语族侗水语支;诸族长期共处,水族与壮、侗民族自然是同源的关系。

使用侗水语支语言的各族(当然也包括水族)先民都是骆越民族集团的一部分,原先就居住在广东西南部和广西东南部的西江流域和滨海地区。隋唐时,因为逃避自然灾害而沿桂江、浔江和柳江向西北迁徙到达贵州省东南部,然后再分散到湘、黔、桂三省边区各地,逐渐发展成为今天的侗族和水族。其中,也有一些人在广西宜山、罗城一带和环江县名叫茆滩的地方停留下来,逐渐发展成为仫佬族和毛南族。另外，还有一些人迁到贵州的平塘县、惠水县和荔波县等地，分别发展成今天贵州的毛南族、莫家人。由于他们大都与当地的布依族杂居，语言、风俗、习惯也受到一些影响，新中国成立后在确定民族成分时，被定为布依族。其实，侗、水、毛南、仫佬、锦、莫的关系还是很密切的，他们语言中的基本词汇相同的很多。

罗城下里一带的仫佬族自称gyaml、阳安土语区的水族自称suic gaml，与侗族的自称gaml基本相同，也可以作为一个佐证。至于水族有些人的族谱、墓碑上说自己的祖先是从江西等地迁来的，那是个别人为官或经商至此，流寓不归而融入水族的缘故。这说明，水族是地地道道的西瓯、骆越民族集团的一部分，水族自古就是擅长激水荡舟、江河捕鱼、喜欢稻作、居住干栏的低地壮侗民族。水语中存在的一些与汉语具有语音对应关系的基本关系词，应该通通算作借词而不是同源词，如：人、地、心、马、父、牲（牲畜）、公（祖父）、媾、坟、墓、笔、墨、纸、天干地支数目字等。而水族的水书则是水族从古百越族群母体中分化出来成为单一民族之后创制的。水族等壮侗民族发源地就在我国广东的西南部，广西、贵州西部和云南东南部。

2012年8月16日，由广西文物考古研究所研究员覃芳，广西平果县人大原主任、现任县委调研员农敏坚，平果县博物馆馆长黄武治一行三人来到贵州三都，带来的写满与殷商甲骨文相似的神秘古文字的石板和大石铲碎片请水书专家认读，经三都水族自治县组织水书先生进行破译，初步认定其神秘古文字为水书。这些古文字经国家资源部岩溶地质资源环境监督检测中心检测，初步测定年代为3680年前左右，正负不超过172年。这说明水族先民可能很早就在广西一带生活，并创造了优秀的文化和文字，流传至今。

铜鼓文化是百越文化的象征，在水族人民的生活中，凡重大的节日活动、亲友团聚、丧葬仪式等，都离不开铜鼓。在古代，水族还

3000多年前刻在石板上的古文字

把铜鼓看作是权力和财富的象征。在水族的民俗故事、传说中，有关铜鼓的内容也比较多。例如在《端节的由来》中说，水族人民过端节时，开展赛马、敲铜鼓、吹芦笙、唱歌等娱乐活动。在那远古的时候，水族百姓背着铜鼓，扛着锄头犁耙，挑着家什，成群结队逃荒，经广东、广西，走到了龙江上游的地方居住下来。在《铜鼓的传说》中说到，铜鼓能够降龙，使水族人民在端节时才能渡江过河，得以团聚；铜鼓还能伏虎，保护水族人民的安全；铜鼓斗败犀牛，使庄稼得到丰收，这都进一步说明了铜鼓在水族人民心目中的地位和作用。水族是我国古代铜鼓文化的创造者之一。"骆越"是古代百越中一支，所以水族民俗故事、传说中关于铜鼓的内容反映出了水族和古代"骆越"的源流关系。

## 水族的形成

《水族简史》认为水族是我国南方由古代百越族群中骆越的一支发展而成的单一的民族。秦汉以前，岭南一带聚居着许多部落，如西瓯、南越、骆越等，与东南沿海的其他诸越统称为百越。前221年，秦始皇统一六国后，发兵50万进军

铜鼓是水族重要的礼器，图为人们在端节敲铜鼓

岭南，遭到西瓯、骆越的顽强抵抗。当时越人"皆入丛薄中……莫肯为秦虏"。他们凭借山林险阻，出没无常，到处袭击，使秦军受到重大打击；后来秦始皇派史禄开通灵渠，保证秦军的军需供应和后续增援，到前214年才最后打败了越人的武装力量，统一了岭南，置南海、桂林、象三郡，设官治理。在这次抗秦斗争中，由于战争的影响，水族先民被迫带领子孙沿龙江溯流而上，逐渐往黔桂边境迁移。

汉初，统治者忙于整顿内地的封建统治秩序，无力顾及西南

出土铜鼓 ▶

边疆。魏晋以来，南中战乱频繁，但在谢氏统治下的水族地区，社会秩序相对稳定，战争影响较少，经济得以持续发展。隋唐之际，水族地区的社会经济有了进一步的发展。

今水族聚居的东谢地区，唐宋时期"地方千里，人口殷实，土气郁热，多霖雨，稻粟再熟"，粮食产量有较大增加，人们的存粮有了较多结余，能够用来酿酒以供节日喜庆之用。这些都说明了水族先民自秦代迁入黔桂边境以来，经过近千年的发展，在具有共同地域、共同语言的前提下，共同的经济生活和共同的心理素质已逐渐形成，于是，水族作为单一民族正式形成了。

从历史文献的记载来看，唐贞观三年（629），东谢首领谢元深入朝，唐以其地置应州，授元深为刺史，同时在应州下置都尚、婆览、应江、陀隆、罗荣等五县（除陀隆外，全是今天的水族聚居区）。唐玄宗开元元年至二十九年（713—741）又置莪、劳、抚水等羁縻州，抚水州下辖京水、抚水、多逢、古劳四县（即今广西壮族自治区环江毛南族自治县和贵州省荔波县一带）。宋太祖开宝三年（970）以后，在水族地区先后设置荔波、陈蒙、合江、抚水等州。

这说明，水族在唐朝时已经正式形成一个独立的民族。

追逐水族悠久的历史，历史上不乏对"水人"进行记载。如《三国志·乌丸鲜卑东夷传第三十》：

夏后少康之子封于会稽，断发文身以避蛟龙之害。今倭水人好沉没捕鱼蛤，文身亦以厌大鱼水禽，后稍以为饰。

记载水族的历史文字虽然星星点点，但水族作为一个民族，作为中华民族的一员，其历史肯定与中华民族一样悠久，源远流长，绵绵不绝。

◀ 水族地方常见的上百年的古树

# 水族分布与人口

　　水族主要分布在贵州省黔南布依族苗族自治州的三都水族自治县和荔波县的水利、水尧、永康三个水族乡，独山县的本寨、甲定、翁台三个水族乡，都匀市的基场、阳和、奉和三个水族乡；黔东南苗族侗族自治州榕江县的三江、仁里、定威、兴华、水尾五个水族乡及塔石瑶族水族乡，雷山县的达地水族乡，黎平县的雷洞瑶族水族乡；云南省富源县古敢水族乡。其次分布在广西壮族自治区的南丹、宜州、融水、环江、都安、来宾、河池等县（市）。在其他地方，如北京、上海、广东、浙江等省市零星有水族人居住。

　　根据2000年第五次全国人口普查统计，水族人口数为406 902人，其中贵州省水族人口数为369 723人，约占全国水族人口的91%，三都水族自治县是全国唯一的水族自治县，水族人口约占全国水族总人口的半数。广西壮族自治区水族人口数为15 476人，占全国水族总人口的3.8%。云南省的水族人口数为12 533人，占全国水族总人口的3.1%。其余水族人口散居于全国

第一章　远古走来的民族　019

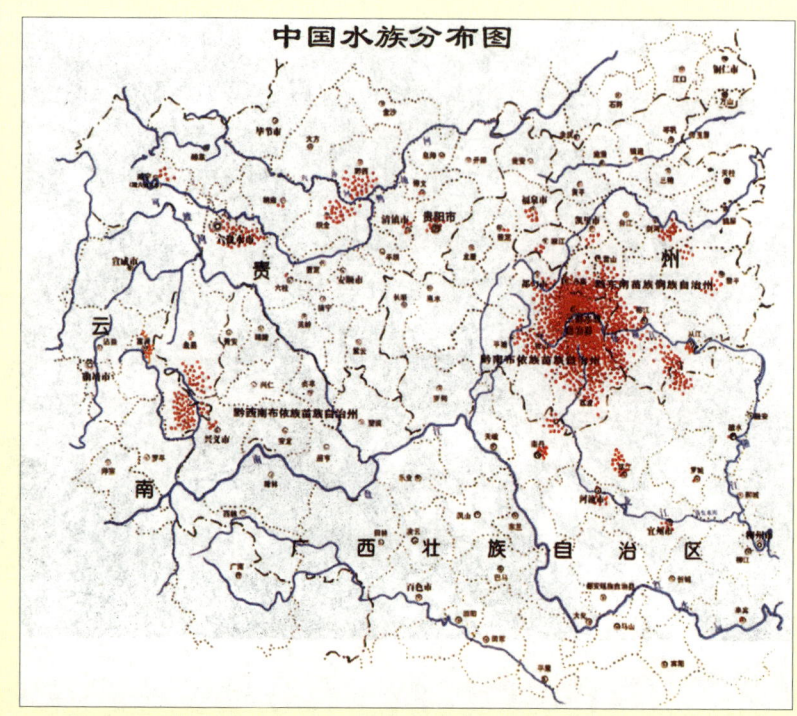

水族聚居区示意图（红色部分）

各地，如北京、上海、广东、浙江、江苏等地。

水族聚居的中心——都柳江沿岸和龙江上游一带，群山连绵起伏，溪流交错纵横，有莽莽苍苍的林海，有奔腾而下的飞瀑，有蜿蜒的山涧河谷，有平坦的大片坝子。

水族在民歌里把自己的家乡比作"像凤凰羽毛一样美丽"的地方，繁衍生息在这片山水画中的水族人民，世世代代辛勤梳理着美丽的凤凰羽毛，创造了多姿多彩的灿烂文化。

三都是全国唯一的水族自治县。全县世居的少数民族有水族、布依族、苗族等。水族主要聚居在九阡、廷牌、恒丰、三洞、中和、水龙、塘州、周覃等乡（镇）。全县所有的乡（镇）都或多或少地有水族聚居的村寨。布依族主要聚居在大河、合江、丰乐、普安、周覃、九阡等乡（镇）。苗族主要聚居在普安、丰乐、都江、坝街、三合等乡（镇）。汉族主要聚居在县城以及一些乡（镇）中心村，使用典型的三都本地汉语方言。其他在三都的少数民族除了侗族、瑶族形成了村落以外，其余均为婚姻、工作或特殊移民进入，没有形成村落。

三都县位于黔南布依族苗族自治州东南部，月亮山、雷公山

▲
三都水族自治县县城远眺

腹地，地处云贵高原苗岭山脉以南的都柳江上游和樟江支流。东面与东北面与榕江、雷山两县接壤，南面与荔波搭界，西面和西北面与独山县及都匀市为邻，北面与丹寨县毗连。全县总面积2 400平方千米。距省城贵阳120千米，约1小时40分钟车程，距州府都匀42千米，不到一个小时的车程。贵广高铁开通以后，去贵阳、广州等其他地方更加方便快捷。

# 第二章
# 独特的
# 民俗文化

水族是典型的南方稻作民族,以种植水稻为主,水族具有独特生产习俗、饮食习俗、服饰习俗和居住习俗,水族地方具有丰富的极具地方特色的风物特产。

◀ 秧田耕种

# 生产习俗

## 农业

水族先民曾生活于沿海一带,曾经历了较长时期的渔猎经济生活,捕鱼成为水族先民生活中的重要内容。随着社会的发展,水族最早掌握水稻种植技术。据史料记载,唐朝时在水族聚居的地区地方千里,人口殷实,土气郁热,多霖雨,稻粟两熟。宋朝至元明时期,水族夹龙江而居,种稻似湖湘。明清时期,铁制农具犁、耙、锄、锹等基本上普及,同时兴修了一些较大规模的水利设施水渠、水塘和堰坝,筒车、桔槔、龙骨车等提水工具也普遍推广,梯田面积扩大。

水族人民以种植水稻为主,以水田种植水稻,一年一季水稻,另外一季则是种植油菜、小麦、大麦或者蔬菜。旱地则种旱稻、玉米、谷子、麦类、高粱、棉花、麻、烟叶、花生,还有豆类、薯类、芝麻等,寨角村边,房前屋后,种瓜果、蔬菜。水族地区地处亚热带,雨量充沛,气候温湿适中,宜种植各类作物。

农业生产使用的工具主要有犁、耙、翻橇、铧口、锄头、镰刀、锯子、斧头、柴刀、挖耙、挖锄、粪耙、粪箩、草箩、扁

▲ 稻草不仅是饲料也是农家肥料的重要来源

水族农业以种植水稻为主

担、谷桶、晒席、谷箩等。犁田牵引主要用畜力，即黄牛和水牛。

有关耕作技术，水族农民历来重视按季节播种、插秧、薅秧，注意田间管理，精耕细作，不违农时。农作物栽种季节及一年的农事活动日程大致如下：一月（水历五月）、二月翻犁田土，刮草皮积肥；三月播种玉米，育秧苗，辣椒育苗，种花生、地瓜、土烟育苗；四月插秧，薅玉米，种黄豆、红薯，移植辣椒、土烟，种棉花，收油菜、小麦；五月插秧，薅秧，薅二道玉米，栽红薯，薅棉花；六月薅二道秧，收玉米，薅棉花；七月收玉米、辣椒；八月收谷子、黄豆、花生、土烟、棉花；九月收糯谷，犁田土，收地瓜；

打谷桶

镰刀

十月犁田过冬，种大麦、小麦、油菜；十一月、十二月犁田、扛柴草，小季田间管理。

主要农产品：一是水稻，水稻分黏稻、糯稻两种，同时水族地方糯稻有四五十种之多；二是玉米，分普通玉米和糯玉米两种；大麦、小麦产量相对要少一些。水塘养鱼、稻田养鱼是水族地

◀ 秋收之后，田野稻秆林立

▲ 不同的糯米品种

区的重要技能与特色，人们运用田鱼产卵和用稻草团分卵繁殖的技能，使鱼稻获得双丰收。如今随着化肥的使用，生态环境遭到破坏，稻田养鱼在水族地方逐渐减少，这种现象应该引起有关方面的注意。

水历以庄稼农事季节来划分月份，每年十二个月。秋种季节（阴历九月）为正月，又称nyenz zyengl "念荐"、nyenz duec "念端"。收割稻谷的季节（汉历阴历八月）为岁末。因此水族的重要年节——端节就在十二月开始过，共七批，至少49天以上。水族民间认为，第一个端节亥日下雨，则来年不愁撒秧水；第二个端节亥日有雨，则预兆来年不缺插秧水；第三个端节亥日下雨，标志着来年雨量充沛；第四个端节亥日有雨，来年虫害频繁；第七个端节亥日有雨，则预示着秋冬阴雨连绵，将发生烂冬现象。

近年以来，三都水族自治县为了增加农民收入，同时根据山地的特点，大量发展蔬菜（包括供港粤蔬菜和特色农业蔬菜等）和水晶葡萄种植，

◀ 水晶葡萄

农业产业已经发生了很大的变化。同时也使三都成为贵州的水晶葡萄种植基地，不仅使农民增加了收入，也带动了当地的山地旅游产业。

▲ 葡萄园

## 手工业

水族的手工业，过去都是不脱离农业生产的农户以副业形式出现，很少有常年生产的专业手工业工场或作坊。

◀ 水族土布

手工业中以纺织最为普遍。纺织品的主要经营者是妇女。她们自种棉花、纺纱、织布、辅以刺绣及针织品，赶场天拿到集市上出售，换钱换物。土布有花椒纹布、斜纹布、细纹布、方格纹布、鱼骨纹布等多种。现在由于出去打工获得的利益更大，很多青年宁愿出去打工，以前的家庭纺织有渐渐被直接购买布匹或成衣所取代的趋势。

第二章 独特的民俗文化 027

石刻双鱼太极图

石工：水族石匠主要是加工器具，如：石磨、石碓、水碾、布碾等，少数石匠艺人兼做墓碑石刻、石雕等。水族以打制石碑最负盛名，打制的墓碑人物、动物图案逼真，有较高的艺术价值。

铁工：以打制农业生产用的工具为主，如斧头、镰刀、柴刀、锯子、犁、耙等。

银工：主要打制妇女和小孩用的银质装饰品，如手镯、项圈、耳环、银戒指、小孩帽饰等。加工形式多为来料加工，收取一定的工钱。

木工：木匠主要是建造房屋和打制家具。如水桶、木盆、犁耙、谷桶、桌椅和生活用具等。由于水族独特的"干栏"式建筑，大多数木匠艺人，均精于房屋的建造及装修技术。

竹工：手工艺人利用当地丰富的竹木资源，加工竹篮、米箩、草箩、簸箕、晒席等人们日常生产、生活和劳动用具。

染工：水族染布一般有专门的染布家庭专业户，他们为别人染布，收取一定费用，一般家庭自己不染布。染料一般为蓝靛。

过去水族很少有专门从事买卖的生意人，有些小宗的农产

竹编用品

木工工具

品、手工艺品、民族工艺品的交易，一般都在赶场天场坝上进行。场期多为6天轮流一场，但对小商贩来说，今天赶甲地，明天去乙地，后天又赶丙地，只要不怕辛苦，天天都有集可赶。农民需要的是轻工业品，如火柴、火机、布匹、丝线、铁质农具、衣服、鞋袜、化妆品、药品等，出售的有木料、土布、竹木器、猪肉、牛肉、鸡鸭以及当地的某些土特产等。靠赶场经营小生意的流动小商贩，在水族地区虽然为数不多，但对农民来说，却能起到通有无、济缓急的作用，方便了农民的日常生活。如今实行"乡乡通油路，村村通公路"工程，交通条件得到很大改善，交通沿线逐步建立了日用百货商店，给人们的生产生活带来了极大的方便。

◀ 赶场途中

# 饮食习俗

水族是农耕民族，种植水稻有着悠久的历史，水族人主要以大米为主食。另外还有玉米、小麦、大麦、玉米、高粱、谷子、红薯、豆类等。蔬菜有青菜、韭菜、白菜、萝卜、苋菜、菠菜、葱、姜、大蒜、番茄、辣椒、蕨菜、松茸、香菇、木耳、竹笋等，瓜类有南瓜、丝瓜、苦瓜、黄瓜，豆类有黄豆、扁豆、绿豆、豌豆、豇豆等。水族农家善于豢养家禽家畜，所以各种肉类食品与广大汉族地区相仿。水族人喜欢喝酒，吃酸食，酸汤是水族人夏天家中的必备食品。肉食以鱼肉、猪肉、牛肉为主，鸡肉、鸭肉、狗肉次之。水族还擅长做各种腌渍食物，主要有腌鱼、腌肉、腌菜。

主食加工，过去一般用鼎罐和甑蒸，如今铝锅、电饭锅、电饭煲和电磁炉等现代炊具在水族地区已经逐渐普及，传统的烧柴

▲ 木脸盆

▲ 柴筐

◀ 青青的稻田

▲ 控箕

▶ 水族的现代火锅

火的方法也有所改变，这也给植被和森林保护带来了益处。

以前，水族就餐饮酒喜欢围坐在火塘边，架上一个铁锅在炉子上食用，相当于"吃火锅"，现在大多数家庭已经开始使用电磁炉等现代化炊具，传统的烧火炉子渐渐被电磁炉或电火锅所代替，但人们并没有改变长久以来的生活方式，人们喜欢边吃边聊，喜欢热气腾腾的感觉。

就餐时，大家围坐在一起，把铁锅架在火塘的三脚架上，不论是猪杂、牛肉、鱼块，都一律投入沸汤中，烫熟即可夹出，蘸盐辣水，味道极鲜美。吃火锅时，还可加入白菜和豆腐等一起煮食，随吃随加。冬天吃火锅，既暖和又新鲜；节日期间围坐火锅请客，既开心又热闹，是家庭中的一大乐事。

## 爱糯食

水族过去有些地区甚至只种糯稻，后因产量低，不能满足人口增长的需要，才改种黏稻，以黏米为主粮。关于糯米饭的吃法，《古州厅志》中记有，"食糯稻，舂甚白，炊熟必成团，冷食，佐食惟野蔬，无匕箸，皆以手掬"。现在，水族人吃糯米饭有蒸煮和焖煮两种吃法。蒸煮：首先把米用清水浸泡一两个小时，再用甑子蒸煮，倒进簸箕或大木盆里，摊开稍凉，装进大饭盒，用手抓着吃。焖煮：一般用鼎罐盛清水放在火上煮开，倒进糯米，煮片刻，就把米汤倒干，盖上锅盖焖煮。一般说来，水族吃糯米饭不用碗筷，洗净手后以手捏成团直接食用。

◀ 五彩糯米饭

水族爱吃糯米，用糯米加工的食品很多，如糯米粑、三角粽、枕头粽、黄花糯饭和米花等，各种节日都离不开这些食品，同时又是水族妇女走亲访友时必备的馈赠礼品。用糯米酿制的糯米酒在水族地方有相当的群众基础。

## 喜饮酒

水族普遍爱喝酒，凡婚丧大事、喜庆节日、亲朋来往、上山下田、打井盖房都要饮酒。不仅男人有这嗜好，妇女也同样能饮，特别在招待女客时，家中主妇往往热情劝酒，推杯换盏，尽兴才休。水族宴客，总要以酒肉相待，一般酒重于肉，烟重于茶。所谓"无酒不成敬意"。

水族人平常喝的酒，多系自己酿造。从制作酒药到蒸米、拌药、发酵、烤酒，全部按传统土法酿制。这种米酒，度数不高，酒性不烈，有醇香味儿，所以基本上人人能喝，

▲ 制酒是每个家庭的必备

◀ 九阡李

个个喜爱喝酒。产于三都九阡地区的"九阡酒"最有名。九阡酒用糯米作原料，并用当地采集的草木本药物制成酒曲酿造。酒色棕黄，微甘，外观像稀释的蜂蜜，香气馥郁，沁人心脾，不仅色香味俱佳，而且营养丰富。九阡酒都要窖藏，下窖时间越久越好。

## 喜酸辣

酸汤和酸糟辣是水族每家每户必备的食物，四季不断。制作酸汤一般是在西红柿和辣椒成熟的季节，将西红柿洗净，加上切碎的红辣椒丝，用磨磨烂，放入坛内，倒进凉开水，加适量的食盐、米酒、花椒粉、姜片、葱、半熟糯米饭，搅匀，搁置十多天后即成。一般家庭，做一次酸汤，可供吃一年。闷热天喝一碗酸汤，顿觉浑身舒坦，劳累顿消。酸汤可以制酸肉、酸鱼、酸菜，这些大都是夏季食物，特点是能储久而味鲜，解渴开胃，增

▲
蘸水——辣椒、花椒、食盐等各类调料

> **知识链接** **水族酸汤** 酸汤是水族人民的至爱，水族酸汤极有特色，有辣酸（辣椒制成）、毛辣酸（西红柿制成）、鱼酸（鱼虾制成）、臭酸（猪、牛骨熬制而成）等多种。其中以辣酸最为常见。辣酸用新鲜红辣椒加工制成。食用时，把白菜、青菜、嫩竹笋、大叶韭菜、广菜等各种蔬菜煮熟，舀适当酸汤放入，煮开即可。以糊辣椒面、盐巴并舀一点儿菜汤调成蘸水，吃菜时就着蘸水吃，其味鲜美，极为开胃。

强食欲。制作酸糟辣，与酸汤差不多，只是用红辣椒，切细后加上姜丝，加适量食盐、甜酒糟等，一起搅拌，装入坛里，灌满坛盘水，半月后就可腌熟。煮鱼或豆腐时，放一点儿酸糟辣做佐料，其味酸辣可口，并带清香。

## 喜欢吃鱼

水族人喜欢吃鱼，喜欢养鱼。村寨外面往往挖有大大小小的鱼塘用来养鱼，几乎村村都有。稻田养鱼主要是鲤鱼，而草鱼、鲫鱼、鲢鱼等淡水鱼类则主要靠鱼塘或者水库。有的水族人家还专门喂养为老人百年之后举办丧事用的"养老鱼"。平日招待亲朋好友、节日喜庆、祭祀礼仪，鱼是不可缺少的上等佳品。在婚娶礼仪中，男方提亲的礼品，必须有纸包的小干鱼，而前往女方家的迎亲礼物，除糯米饭、米酒和猪肉以外，有的地方还必须有竹编的罩鱼笼和一串用竹篾穿起的金刚藤叶。

◀ 鱼是水族人的最爱

> **知识链接** **倒须笼** 竹编捕鱼工具，鱼进入笼中后不能出来，一头可以用绳子捆好，一头很大，而且具有倒置的竹篾，一般放置于河中急流处，鱼由大的那一头进入，取出鱼时把另一头的绳子打开。

鱼笼则表示对祖先渔业生活的怀念，金刚藤叶则象征一条条鲜鱼，把它送给女方家以供奉先祖。新娘进家时，还要在洞房里摆上一坛养有两条活鲤鱼的清水，以象征婚后夫妻俩鱼水合欢，吉祥平安。

过端节的水族如果有老人过世，家族老小（一般是五服之内）是不能吃荤的（牛羊等陆上生物及其油脂），但可以吃鱼等水生产品，而且必须用鱼供祭，这种习俗水语叫"qbas"，意思是斋戒持哀的意思。家来贵客，主人即去鱼塘捞取活鱼待客。"鱼包韭菜"是水族的传统名菜，是节日、祭祖和招待客人最好的佳肴。

鱼包韭菜基本做法如下：把鲤鱼或草鱼沿腹部剖开，除去内脏，洗净，洒上少量米酒，再将细叶韭菜切碎，拌豆腐、糟辣，配上葱、姜、蒜、食盐等佐料，填进鱼腹内，用稻谷草捆扎，一

▲ 河中捕鱼工具倒须笼

般捆三节，放入大锅中清炖或清蒸5个小时以上，此时鱼肉软烂而不糜，醇香柔软，肉肥细腻，鲜香可口，鱼骨酥脆，堪称鱼中珍品。鱼包韭菜是水族的传统佳肴，是水族过节独具风味的一道菜。"鱼包韭菜"在热天，即使搁置一两天，也不会变味儿。当然随着生活水平的提高，很多水族家庭现在已经开始用上了冰箱、冰柜，人们用传统的方法为食品保鲜的方法正在悄悄发生改变。

# 服饰习俗

服饰，尤其是妇女服饰，是一个民族最直观的外在标志。水族服饰的主体颜色多以蓝、青、绿、紫、黑等素色为主，其朴素、端庄、大方、实用的特点，与水族人民纯朴、谦恭、淡泊、含蓄的性情相映衬。水族妇女服饰款式和颜色可以体现着装人员的年龄、婚否、地区的差异。就现状而言，水族青壮年妇女的服饰最能够代表水族的服饰特色。其主要特点为上衣都是右衽大襟衣衫，下身都是穿长裤。

水族妇女的服饰大致可以分为六种类型。

第一种类型是以三都水族自治县水龙、三洞、中和、廷牌、恒丰、塘州、阳安等地为代表的水族服饰。这些片区是水族的主要聚集区，所以这里的水族服饰是水族地区最基本的服饰类型。具体可以分为儿童装、少女装、妇女装和老年装。

儿童装：重在鞋子和帽子的装饰。鞋子一般为虎头鞋或绣花鞋；童帽有多种，最常见的有仿木楼屋脊的九角布帖帽、平顶马尾绣帽、葫芦形青布帽等，帽子上订有银佛像和蝴蝶造型银铃铛。

水龙、三洞、中和、廷牌等地区水族服饰

童帽

少女装：一般为蓝色或绿色有领长衫、靛青色长裤，胸配绣花围腰，围腰上端至颈部挂银项链及链坠，围腰中部两侧系提花飘带拖于身后，脚穿元宝盖绣花鞋，刘海儿发式，外包一块两米左右的家织布白头帕。

▲

水族妇女装

妇女装：衣服无领，并在坎肩、衣襟、袖口、裤脚等处都绣斜面青布大绲边，外缘还镶两根绲条，绲边、绲条都隆出衣面，绲条外缘还镶上阑干彩色花边，在前后四个衣角分别绣上四只变形蝴蝶，在腰身两边的开衩处绣上云彩。头发梳至额头，由左向右绾起，并在右侧发间斜插一把木梳，外包黑（白）色土布头帕。年轻的已婚妇女胸配绣花围腰，脚穿元宝盖绣花鞋，年长的妇女则不再配绣花围腰，而喜欢在腰间带一块素净方巾，脚穿尖角马尾绣花鞋。

> **知识链接** 未婚女子和已婚女子在服饰上是有区别的，穿什么服装是水族婚否的一种体现。平时水族男女青年交往和恋爱的主要途径是通过赶集互相认识，加深了解。在集市上，男青年如果看上某位女子，从她的穿着打扮，便知道此女是否已婚嫁。如果穿的是有领无花边装饰的衣服，则表明此女未婚，可以追求示爱；但如果穿的是无领有花边装饰的衣服，则表明此女已婚。

◀ 老年装和马尾绣

老年装：水族老年妇女的服饰与青壮年妇女的服饰有所不同，他们上衣是内穿无领、无花边装饰的右衽长衫，外套对襟、无领、宽袖的短上衣，下身穿长裤。衣服用银质纽扣，脚穿尖钩马尾绣花鞋，头式是在头顶上绾发结，再包上黑色方巾。

第二种类型是以三都水族自治县九阡及荔波县佳荣、永康等地为代表的服饰。妇女将长发往前梳成一把，再由右向左绾起，在左侧面发间插一把木梳，带黑色暗花长方形飘须头巾；衣裤均喜用纱质纤细、染工深透的黑色或青紫色回纹布料。不镶花边，喜带银项圈和银手镯。未婚女子戴不绣花的素净围腰，但围腰上

◀ 九阡、扬拱地区水族服饰

的银链和飘带却极为讲究。已婚女子不挂围腰，而喜长方形的青紫色腰巾，脚穿元宝盖素净布鞋。

第三种类型是以三都水族自治县的都江、坝街、羊福等地为代表的水族服饰。这些地区的女子不管婚否，也不分年龄阶段，头式是将长发盘结于头顶，外包白色或黑白相间的格子自织土布方巾。上衣为镶花边右衽大襟衣衫，配长方形的黑色自织土布腰巾，衣脚下摆开衩高，衣脚狭小，呈椭圆状；下身穿镶花边长裤；脚穿尖钩马尾绣花鞋。

都江、坝街、羊福一带水族服饰

都匀地区花季少女

第四种类型是以三都水族自治县丰乐片区及都匀内外套的水族服饰为代表。除长帕包头外，还用一块白毛巾横扎。衣裤均镶花边，衣长近膝，衣身、衣袖及裤脚均较宽大，围腰不配银链而系腰带，并让围腰上的绣花胸牌翻下来作为装饰。

第五种类型是以三都水族自治县都江镇和黔东南苗族侗族自治州的榕江、雷山等县接境的水族服饰为代表，因受侗族服饰的影响而近似侗装。它们的衣脚狭小，呈椭圆状，妇女一般将头发盘结于头顶，包白色或黑白相间的格子方巾。

第六种类型是三都水族自治县的普安、丹寨县的高排、金中等地的服饰。由于与苗族杂居，水族妇女除以白色长帕包头和不带耳环而保留了水族传统特点外，大襟衣服已缩短至臀部，衣饰与苗族女子基本无异。

白色的头帕

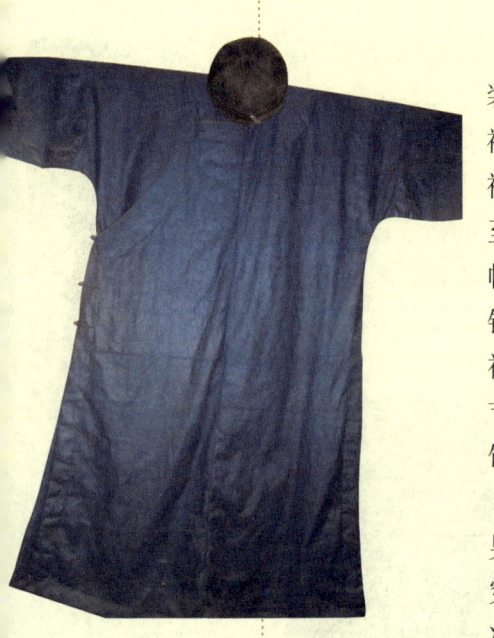

传统水族男子上衣

水族妇女在节日喜庆或结婚大典时另有盛装。盛装款式不分区域，上衣都是古典式的对襟、宽袖的黑色短衣；下身穿黑色百褶裙兼长裤；脚穿尖钩扎金马尾绣花鞋；发式是把头发梳至头顶绾结，为了方便佩戴银首饰，不用再包头帕；穿盛装时，周身佩戴的银饰有银花、银钗、银项圈、银压领、银手镯、银吊牌等。其中百折裙、银花、银钗仅限于新娘出阁时穿戴。在其他节日里，姑娘们只戴银项圈、压领和针线筒等饰品。

水族男子服饰也具有一定的民族特色。老年男子平常多穿对襟布扣便服和长裤，节日喜庆时穿长衫再套马褂。热天用短帕包头或戴马尾帽，冷天用长巾包头或戴锅驼帽。脚穿轻便布鞋。青壮年男子除了有的人还包头巾、身穿黑色短对襟衣外，大多数人的服饰已同汉族青年没有多大区别。

不同地区的水族群众，特别是妇女，在服饰上虽然存在一定的差异，但普遍喜爱靛蓝、青紫等冷色，不喜欢大红、大黄等象征热烈奔放的色调，这种在服装色彩上的排他性，别的民族似乎很少见。这表现了水族在服饰色彩上的特殊审美观。这可能跟水族妇女性格恬静、感情内向的伦理道德规范有关。另一方面，水族地区，到处是绿色的自然环境，对人们的心理产生趋同倾向，逐渐形成了妇女们喜爱冷色的性格。家织棉布是制作水族服饰的传统布料。随着经济的不断发展，各种化纤织物在水族地区逐渐普及，家织布已经逐步退出历史舞台。

随着市场经济的蓬勃发展，城乡人口的相互交流，民族传统文化受到前所未有的冲击。现在的水族青年纷纷离开祖辈居住的家园外出务工，人们买市场上的成品衣服穿，在穿戴上与汉族青年无异；水族服装做工相对繁杂，费工费料，年轻人为方便直接购买汉式成品衣服穿；小孩子从读书到走入社会，基本上都是穿戴汉族服装；思想观念转变了，人们冲破传统礼教的束缚改穿汉装，并以此为美。

现在的水族地区，30岁以上的妇女，还保持着穿戴水族传统

迎宾酒

服饰，20岁左右的年轻女子，除了在节日、走亲访友时部分人还穿戴水族服装外，平时很少穿了。传统水族服饰文化正在经历着前所未有的冲击，水族服装正在走向多样化。

## 居住习俗

不同民族和不同地区的人们有着不同的居住形式和习惯，形成了各民族、各地区千姿百态的居住习俗。居住习俗是该民族、该地区物质文化的反映，因而具有历史的传承性、鲜明的民族特色和浓郁的地方色彩。

传说水族很早以前住在山洞里，水族先人住在"燕子洞，蝙蝠洞"，后来才逐渐被木质建筑和砖木结构的房屋所取代。

水族人民居住的传统房屋，则是一种用杉木、松木建造的"干栏"式建筑，用瓦片或杉木皮覆盖。这种建筑历史悠久，风

蝙蝠洞中的蝙蝠

格独特,美观牢固,居住方便,构成了水族别具一格的居住习俗,并形成了水族的干栏文化。这种住房建筑属于古代百越人的"干栏"式构造。早期的干栏是"依树为巢而居",此后,"依树积木,以居其上"(《北史·南蛮传》),随着生产的发展,出现"人并楼居,登梯而上"(《旧唐书·南蛮传》),"上以自处,下居鸡豚"(周去非《岭外代答》)。到了明代,干栏式的建筑已是"人栖其上,牛羊犬豕畜其下"(邝露《赤雅》),说明后期已把底层围起来,用以饲养牲口,并置放农具。这种房屋是为适应潮湿多雨和虫蛇危害较大的环境而建造的。

水族房屋建筑多系木质结构,这种建筑一般是两层或三层,最高的是四层,多用杉木、松木建造,屋顶用瓦片或杉树皮覆盖。楼下喂养牲畜家禽,楼上住人。房屋间数一般为单数,忌取双数,多为三间、五间或七间。修建这种楼房时,先用石块安好

典型房屋

基脚，再用粗大的松、杉原木为柱，用枋条穿拉起来，构成一个离地面两米多高的底架，在底架上铺以宽厚楼板，作为上层房屋的承重部分。在底架上修建起上层房架，并用木板装修起来，然后屋顶上

◀ 房顶装饰

覆盖瓦或杉树皮，这样一座楼房就基本上建好了。有不少楼房盖有重檐，重檐下有走廊和栏杆。上下楼用宽厚的木梯。水族人民修建楼房有高超的技艺，柱、梁、枋、檩之间凿榫穿拉，严谨牢固，几乎不用一颗铁钉。有的楼房依山势而建，形成错落有致的楼群。在水族地区，每个村寨几乎都是一幅幅优美的风景画。

> **知识链接** 水族喜爱在山环水抱，前方开阔的所谓占"龙脉"的地方建造房屋，对祖先选定的地址，后人就世代聚居，守望相助。因此现在的水族村寨，往往人同姓，谱同宗，血同缘，多的百余户，少的十几户或几十户，异姓杂居或单村独户的较少。村寨四周多古树翠竹，寨内村脚遍鱼塘，房前屋后栽果木。

水族村寨以自然村为单位，由民居、道路等组成。过去水族是自给自足的自然经济占主导地位，相互间的贸易往来基本上是靠"赶场"的集市贸易途径进行的。水族村寨建设没有严格的规划，村寨结构一般根据地势而定。房屋结构大多为四排或六排五柱，通常是三间、五间、七间不等，也有九间的。

建房就地取材，以杉木、松木为原料，均以凿、榫为衔接，不用铁钉，两层或三层，下层为厨房、猪牛圈、放置农具木柴、碓磨等，上层为厅堂和卧室，厅堂内设神龛，厅堂一侧的后侧是卧室，厅堂的另一侧设火塘，用于会客、休息或吃饭，周围有栏杆走廊。三层当仓库存放粮食等。有的在木楼两侧或后侧搭有侧房偏厦。另外，在地势斜度大或一侧临水、沟的地方，为适应地势，扩大居住面积，往往把房舍的一侧临空扩展，让其吊在主室之后或一侧，并在其下安装一根以上的支柱，从外观看，形成吊脚楼。

从平面看，房屋主要有五个建筑元素：楼梯、厅堂、卧室、走廊、客厅。楼梯既是沟通上下层的通道，也是民居入口的标

新房上梁

志，楼梯多数设在房屋里面，也有设在房屋外面的。厅堂位于房屋的中央，占平面面积的比重最大，是人们起居、会客、祭祀祖先等活动的场所。厅堂直接与楼梯相连，是通往卧室、客厅的必经之地。

厅堂中间靠后的墙壁上设有神龛，神龛内设有祖宗牌位，祭祀神坛，在牌位下常设一张方形供桌，用于摆放供品，祭祀祖先。厅堂门口一般有一段短廊，短廊的一端连接楼梯，另一侧通向晒台。厅堂是举行活动的主要场所，如亲人聚会或端节敲铜鼓等活动。卧室在大堂的两侧，一般外人不得入内。客厅在大堂的另一侧，设有火塘及客床，是就餐和客人留宿的地方。有的房屋神龛背后

通往厅堂的楼梯

还有一间小屋，通常也作卧室用。晒台一般是房屋的附属品，与居住层一样高，作晒粮食、晾衣之用。

水族民间普遍看重房屋的风水。当然，谁都愿意选择山水优美的环境，利用良好的方位和朝向，建造自己幸福的家园。人们

的风水观念,反映了人们对人与自然关系相协调的心理要求。风水观念对水族村落布置与居民的影响主要反映在宅基地的选择,房屋的方位朝向、建筑体系、室内布置上。随着经济的发展,人们的风水观念正在逐渐变得淡薄,在建造新房时不再像以前那样相信风水,一切由自己做主,只要自己觉得合理就可以了。

新中国成立后,特别是最近十多年来,人们纷纷出去打工。在打工过程中,人们逐渐学会了其他地方的民居建筑的建造方法,用于自己的住房建设。如今水族的民居建筑有了较大的发展,出现不少新建的住房。这些民居建筑的使用要求、卫生条件和用料标准、装饰水平都有很大提高,水族民居有了较大的发展和创新。在结构、用料和平面布局上,具有较大的变

新的砖木结构房屋

化,许多新民居采用砖木结构,四周为砖墙或石墙,中间为木结构屋架。屋顶用瓦代草或杉树皮,有的屋顶直接用钢筋水泥建成平顶建筑。有的窗户装上钢筋加玻璃,有利于采光和冬季保暖。有的晒台改为混凝土面层,或用钢筋混凝土建造。有的厨房已接通自来水管。有的改居住楼上为住楼下,楼上改为存放粮食及其他物品,厨房另建于楼下相连的平房内。大部分水族村寨已通电、通公路,屋内摆放电视机、影碟机、沙发等现代用品。

村寨全景

# 第三章
# 民间信仰

水族的民间信仰几乎贯穿于水族人民日常生活的各个方面。水书是水族宗教特有的典籍。水族的水书被水族人普遍视为天地相通、人神对话的神秘信息符号,而水书先生被普遍视为水书知识的传承者、代表者,他们一代一代诠释着水族信仰文化,沟通着水族的祖先与今人,沟通着神秘的自然界与人类,沟通着未知与已知,水族才会有纷繁复杂的各类禳解消灾祈福仪式,至今在民间大有市场。凡出行、丧葬、婚嫁、动土等,都要依据水书推测吉凶祸福,决定宜行宜止等。水书由水书先生掌握。此外,水书还有关于占卜及禳解方法的若干记载。水书习俗是整个水族民间信仰的核心,而其表现的民间信仰则涉及人们生活的各个层面。水族的民间信仰主要表现在祖先崇拜、自然崇拜和鬼神崇拜几个方面。

水族的民间信仰几乎贯穿于水族人民日常生活的各个方面。水书是水族宗教特有的典籍。水族的水书被水族人普遍视为天地相通、人神对话的神秘信息符号，而水书先生被普遍视为水书知识的传承者、代表者，他们一代一代诠释着水族的信仰和文化，沟通着水族的祖先与今人，沟通着神秘的自然界与人类，沟通着未知与已知，水族才会有纷繁复杂的各类禳解消灾祈福仪式，至今在民间大有市场。凡出行、丧葬、婚嫁、动土等，都要依据水书推测吉凶祸福，决定宜行宜止等。水书由水书先生掌握。此外，水书还有关于占卜及禳解方法的若干记载。水书习俗是整个水族民间信仰的核心，而其表现出的民间信仰则涉及人们生活的各个层面。

　　水族人民相信人死之后肉体归土，但其灵魂不灭，或者转回祖居，或者留在当地，或者在子孙左右，做子孙的保护神。人们相信祖辈们虽然已经离开人世，但祖宗灵魂依然存在，依然关注着后代子孙，不过带给后人的可能是福气，也可能是灾祸。人们必须对祖宗特别尊重，并且每逢节日甚至平时都要进行供奉，这样祖宗才能保佑他们平安无事。水族的祖灵信仰是水族各类民间信仰与行为的核心。

# 祭祖与拜祖

### 节日祭祖先

　　祭祖与拜祖活动在节日里是少不了的。水族的所有节日都是首先祭祖，然后才能进行其他活动。水族家庭大厅一侧一般都配有神龛，家庭内祭祖在神龛下的供桌进行。水族端节在水历十二月、元月至二月举行，卯节在水历九月、十月进行。祭祖仪式分两次进行：第一次在节日第一天（如戌日）晚饭前，称"鱼论"或"初拜祖"，在中堂设男性祖先席及女性祖先席，另外席旁可以再设一神席（陆铎公席），供南瓜、水果、豆腐、糯米饭、甜酒和蒸煮的鲤鱼等，端节之外的节日可以供猪肉、牛肉等供品。祖先席上，还须供铜鼓、衣服、鞋帽等。供祭一般一小时后主人家要"敬酒"，要跟祖宗对话，点明情况，然后吃一点儿，才能

◀ 神龛

撤席。节日第二天(如亥日)早上(越早越好),重新摆设供品,进行第二次拜祖。设三席,供物相同,但端节一般要在鲤鱼肚内放入韭菜及香料,捆上米草,放入瓦罐中蒸熟,方供。

水族同胞十分崇敬祖先,一是表现在对远祖陆铎公的供敬上;二是表现在对民族部落首领的供敬上;三是表现在对已故父母、公奶及近几代祖宗的供敬上。陆铎公是水族原始社会时期传说的英雄人物,民间关于他的古歌、传说故事很多。在关于人类起源的传说中,他是一位很了不起的英雄,对水族社会的发展起到了很大的推动作用。他使水族先民从"遮不住风雨,挡不住烈日"的树下、草丛中,迁到了"蝙蝠洞、燕子洞"居住,开始了穴居生活。之后又从天上请来神仙,射下天上的十一个月亮和十一个太阳,使炎热的气候、不分昼夜的天空得到了

◀ 敬土地神

改变。当人们感到住山洞仍有很多危害的时候,陆铎公又为大家建造了房屋,还开垦了土地,播种庄稼,使人们五谷丰登,还教会人们饲养六畜,于是牛马兴旺,水族先民开始了定居生活,过

上了富裕的日子。他还为水族创造了文字——水书。因此，现在水族人民在大型的祭祀活动中，都必须请陆铎公到场，为人民驱恶除邪，灭鬼驱妖，他是水族人民的庇护神。

水族人民对已故的父母、公奶及近几代祖宗也是十分崇敬的。各种节日庆典都要奉请已故父母、公奶及近几代祖宗，表示不忘他们的恩德，有时还要专为他们设置供桌，陈列供品。

节日祭祖
长号

### 清明祭祖

清明节家家都要到坟前给已故父母、公奶及近几代祖宗挂青，带上鸡、鹅、羊、猪、酒肉、鞭炮、香及纸钱等供品或牺牲。对新近过世的老人则是在清明前的一个星期，进行挂谢（挂社）。挂谢时一般要带活的牺牲而不只是一些肉。为了保证祖先能享用到供品，水族同胞在供祭时，有的还在坟旁设一供祭点，让土地神及来此的鬼神享用，以免与祖宗"争吃"供品，表示对已故者的怀念和崇敬。挂青时要带上新砍的青叶竹子和纸旗，祭祀过程中要把纸旗挂在青叶竹子之上，插于坟上。

## 丧葬祭祀

水族一般实行土葬。葬前要为死者洗身、剃头或梳洗，穿寿衣入殓，然后出殡。入殓时，在死者口中置放银饰品，手里放纸钱或银毫，头垫纸钱，意为供死者在阴间使用。出殡前，一般在灵柩后设立香庭和牌位，在灵柩前设立供桌，摆设不同祭品，供死者享用。出殡的时候，一般要杀牲作为殉葬牺牲，为逝去者在阴间食用，殉葬牺牲不能殉葬而是用来祭供。丧家及其族内对宰杀的牺牲不能食用，应该另外杀猪来款待族内兄弟，殉葬牺牲亲戚朋友可以食用。死者若为男性，多杀马，女性则多杀水牛。出殡当天用牺牲宴客，并将一部分牺牲后腿赠与参加丧礼的水书先生，如死者为女性留一只后腿连同尾巴必须送给死者舅家。

**知识链接** **远祖正神祭祀** 对水族先祖陆铎公的祭祀。据说水书文字是由一位名叫陆铎公的先祖创造的，他花了6年时间，起初创制的水族文字多得成箱成垛，堆满一屋子。后来，因陆铎公利用水族文字为一个小孩推算出其与神母见面的日子和方法，惊动了天皇。天皇认为，水族文字太厉害，他怕人们掌握了水族文字后，难以对付，于是派天将用装火药的小葫芦骗取小孩的欢心，结果，小葫芦里的火烧了装有水书的房子，只剩下压在砚台下的几百个水族文字。陆铎公怕再遭天皇暗算，所以，此后全凭记忆把文字装在肚子里，谁也偷不走。因此，水族文字只剩下全靠口传心记的几百个字了。

另一传说，水族祖先在远古是六位公，他们是：陆铎公、卧略蒋、贾西公、纽贾案、霞西纽和布西略铎。这六位公是水书的创造者。所以水族子孙在学习水书，为死人"开控"时，要用1只母鸡、1斤猪肉、6条鱼、6碗酒、6双筷子、6碗米饭、6张纸钱、6根香来致祭。长期以来，水族人民认为六位公在世时是本民族强有力的领导人和智慧的化身，去世后，他们的鬼魂就成为六位正神，能为水族子孙解脱灾难，赐给幸福。但不是所有祖先的鬼魂都可以成为正神，都能被后世子孙崇拜，人们崇敬的只有那些对本民族有重大贡献的杰出人物。人们在端节、春节、卯节等重大节日的时候，或者在丧葬等重大活动时，往往要供奉陆铎公，希望陆铎公能够保佑他们健康平安，无病无灾，太平安宁，粮食丰收，禽畜满山，人财两旺。

# 自然崇拜与图腾崇拜

水族的自然崇拜表现为对巨石、大树、水井等自然物的敬畏和祭拜。水族认为这些自然物跟人一样有感觉,并具有某种无形的力量,能给人以祸福,向它们行祭,就是为了求得这些精灵的庇护。图腾崇拜是自然崇拜的深化,在水族社会中可能存在过鱼图腾、龙图腾和凤凰图腾。水族的祖先从信仰万物有灵到崇奉多神。水族信奉的自然崇拜有几大类。

出于对树神、岩神、水神的崇敬,有的水族人家把孩子拜寄给大树、巨石和水井等这些自然物,祈求它们保佑孩子平平安安长大。具体做法是给孩子起一个与这些东西有关的名字,让大家叫唤,例如拜寄给水井就起名为水生、老水、水保等;拜寄给石头,起名为岩生、国岩、景岩、石保等;拜寄给大树,起名为木友、木保、木生等。

现在在水族社会中还存在着比较浓厚的石菩萨崇拜(保爷)、古树崇拜(保爷)、古井崇拜等现象。在水族地区,在村寨前村口或者不远的地方每个村寨都有略似人形的石神菩萨,人们在其前面燃烧纸钱和香烛,祈求保佑,祈求菩萨给人们带来子嗣,带来幸福;在村寨附近高大苍劲的"风水树"下,也可以看到同样的供奉现象。

敬石神菩萨和敬霞是水族地方普遍的自然信仰和自然崇拜。

## 敬石神菩萨

敬石神菩萨的仪式,或称"拜眇""拜菩萨""拜干散"。水族语"干散"或"眇"为石神,"拜"意为拜敬。在水族居住的地区,每逢水历五月初一或十五日(农历正月初一或十五日),各家都要带鸡、猪、肉、豆腐、糯米、红纸、香等祭品到菩萨那里献祭。人们求生子女或人畜平安者,剪红纸一张涂以畜血奉献,祭后在菩萨那里聚餐。凡敬过石神被认为有应验的,第二年还要杀猪还愿,请姑、舅、外婆等亲戚来参加"还愿"仪式。祭祀仪式在菩萨那里举行,时间大多仍在水历五月初一或十五日。水族人

◀ 石神菩萨

一般都很敬重石神菩萨，不能亵渎，例如不能在菩萨附近解手，更不能在菩萨上面坐卧，不能诋毁菩萨，否则后果是相当严重的，轻则身体不适，重则丧亡，对此人们深信不疑。

## 敬霞

敬霞也叫"拜霞"。敬霞是一种祈雨祭祀仪式。原先，拜霞时间各地并不一致，后来逐渐演变成为共同的固定节日。祭祀仪式极为隆重。敬霞活动，曾经在一段时间内被当作迷信而一度终止，近年才逐渐得到恢复。

"霞"是石菩萨的名字，这是水族较普遍而独具特色的祈雨仪式。因拜霞中必须要有一头母猪，所以民间又称"拜母猪霞"。一般6年或12年在水历十月（农历六月）根据水书的规定择一吉日举行。

关于"霞"的来源各地传说不同，荔波县境内水族的"霞"是野外山上发现的自己滚动的石头。其样子似人形，发现后捡

▲ 霞神

水族的敬霞

回，立即举行立霞仪式。三都九阡老寨的"霞"是老祖公上山打柴时捡回的。水昔寨的"霞"是一个叫发公的人，下河打鱼时捞到的。拜霞是以姓氏房族组成的霞组织进行的，每霞组织分成若干股。每个霞组织都有"霞田"，为该组织的公有地，早年为共同耕种，随着领主经济的发展，为了便于管理和使用土地，耕种权便归于私人，但各地规定略有不同，有的霞田耕种者只在拜霞时出一头大母猪，有的则负责供应拜霞时吃的粮食或酒。

> **知识链接** 霞组织一般由12个村寨组成，每个村寨就是霞组织的一个单位，称为"股"。每个霞组织都由寨老担当负责人，负责对敬霞活动的组织、筹备、协调工作。敬霞活动所需的资金和物资，均由各股筹措均摊。

敬霞实际上就是供祭一块外形与人体形态相似的石头。这块石头又被称为"霞石"或"霞神"。敬霞极为隆重，一是各股要准备供品，如肥猪、母猪、酒、糯米等；二是训练公鸡；三是用竹篾编两条花，长1.5米左右，糊上彩色纸；四是给霞菩萨做彩纸绲边衣；五是割蛋看吉凶，再依据水书推算，选定吉日。各地拜霞仪式略有不同。

敬霞活动有敬真霞和敬假霞之分。敬真霞要秘密进行。这是因为人们笃信，只要哪个地方得到霞石，就会得到霞神的保佑。相反，失掉霞石，今后就会多灾多难，农业生产就不会有好的收成。所以平常霞石都被埋藏在地下，不让其他人知道，以防止被盗等意外的发生。敬真霞的时间大多在敬霞活动的前一天深夜，参加人员只有各股寨老和水书先生。到时，悄悄将真霞石挖出，在它的前面摆上酒、肉、豆腐等供品，由水书先生念上咒语祭祀一番，最后用几斤酒淋到霞石上，再将霞石重新埋入地下，如果觉得原来埋藏霞石的地方不安全，还要另选地方埋藏。祭真霞的仪式到此结束。敬真霞的祭祀仪式要比敬假霞简略得多。敬假霞的全部仪式都是公开的，场面热闹，规模庞大。

敬霞节不仅是水族地区最奇特的原始宗教活动，也是水族地区典型的宗教节日。水族敬霞活动中使用母猪不是随意的选择，这与水族农耕社会崇尚六畜兴旺、五谷丰登的特质有着密切的关系。母猪有极强的生育能力，在所有家畜中每胎产崽率最高，是生命力旺盛的象征。加之在地支中，猪为"亥"，亥作玄武，主阴属水。水族甚至把母猪视为雷神的化身，而求雨要"闭诸阳，纵诸阴"，母猪当然成了祈雨巫术最理想的动物。水族的其他地方敬霞也有用黑猫溺死于水中求雨的。在这里，以黑猫、黑狗替代母猪，可谓异曲同工。因为水族常以猫作为虎的代称，龙虎相斗，犹如水火不相容。把猫溺死于水中，实质上是以虎祭龙，祈求龙王爷降下雨水，以确保农作物丰收。

## 雷崇拜

水族崇拜自然现象的原始宗教观念表现在对雷的崇拜上。对于雷的畏惧以及崇拜是原始先民自然形成的一种心态。雷是一种看不见、摸不着的东西，但它又能发出惊天动地的巨响，令人闻之心惊胆战。而且它确实能击死人畜，斩断树木，引燃山火，造成可怕的灾难。另一方面，万钧雷霆带来雨水，润泽山野，给万物以生命。在认识水平低下，不可能科学地认识雷电的原始人类看来，雷确实是神秘莫测的。正是这种令人心惊的神秘感，使原始先民产生了对隆隆作响、带来灾难的雷的畏惧，以及对带来雨水，带来万物生长、生命延续必需条件的雷的喜爱。畏惧与喜爱，交织成复杂的雷崇拜意识。水族居住的地区属于亚热带湿润季风气候类型，雷雨多，雷击现象容易发生。同时，雷电带来丰富的雨水，使大地得到滋润。水族对雷既怕又爱的双重感情十分突出，崇拜之情在传统民俗活动中有着鲜明的反映。

## 鱼图腾崇拜

鱼在水族同胞的心目中，具有一种神圣的自然崇拜，在日常生活中不可或缺。水族住房的屋脊和中梁上一般均饰以双鱼形图案（类似太极图）。新屋落成必由一位父母健在、子女齐全的"全福之人"首先将一只装有两条活鱼的罐子，放进新屋，恭请祖先来新居，保佑家庭富裕吉祥。水族同胞吃不离鱼，丧葬祭祀更是少不了鱼。为逝者敬以鲜活的大鲤鱼或活草鱼，选择墓地和开挖墓穴，也祭之以鱼。灵柩入土安埋后，还要在新坟的封土上撒些鱼卵，以祈求子孙兴旺发达。

鱼宴 ▶

《端节的故事》中说，水族祖先原先生活的地方是"一日三餐吃鱼虾"的水乡，因此"煮鱼虾，祭奠远祖……吃素食就成了古老规矩"。鱼不仅是丧葬祭祀活动中的主要祭品，就是为儿童招魂等活动也绝对少不了鱼。

在日常生活中，人们不仅可以听到水族同胞关于"鱼娃"（男孩）"虾娃（女孩）"的呼喊，不仅可以见到水族妇女的围腰、胸牌、背带、鞋面和儿童的帽子、围兜上常常绣以鱼虾图案，就连墓葬的碑石上也少不了双鱼托葫芦的雕刻。鱼在水族人的生活中担任着十分重要的角色。

> **知识链接** 鱼在水族人的生活中似乎有着特殊重要的位置。水族对鱼的喜爱渊源颇深。现今，水族绝大多数居住在三都县境内及毗邻地区。三都气候炎热，水源丰富，是富饶的鱼米之乡。都柳江横贯县境，漳江在县境内发源，密如蛛网的支流沟溪，给水族人民提供了大量鱼类产品。此外，水族有家庭养鱼的传统习惯，不仅普遍利用水稻田养鱼，很多家庭还挖有小鱼塘蓄水养鱼，随吃随捉。一些家庭鱼塘还养有专为老人百年之后办丧事用的"养老鱼"。由于有这样的自然环境和传统习俗，鱼便是水族最喜爱的美味菜肴，也是待客的佳品。

鱼图腾崇拜观念在水族社会生活影响最为深远。鱼在水族的社会生活中产生了神秘而深刻的影响，现在还遗存着崇尚鱼的诸多习俗。这些习俗就是鱼图腾活化石的反映，是水族"饭稻羹鱼"社会生活的积淀。

水族是古越人的后裔，《越绝书》载，"大越海滨之民"。生活在海边的水族先民天天与鱼虾打交道，鱼虾与他们的生活密不可分，是理所当然之事。正因为鱼与水族先民的生活有着十分密切的关系，在水族思想意识中必然有特殊的地位。

人们在制作传统的水族鱼包韭菜

水族轮流"过端"的特殊习俗，便与鱼有着密切的关系。据说，在确定分散在各地的水族如何轮流过节时，老祖公拱登想出一个办法，让各支系派一个人去抓鱼，谁抓的鱼最大就从谁所在地区先过端，之后以鱼的重量排顺序。这里以鱼为卜的方法，实际上表明鱼在水族先民心目中的重要位置。确切地说，这里的鱼可以看作祖先的化身，以鱼的大小决定过端的顺序，也就是以支系力量强弱、势力大小确定先后的象征。《鲤鱼歌》更直接地表达出水族以鱼为民族祖先的意识：

咱鲤鱼，本住长江，地面广，四处游逛。鱼摆尾，波浪翻滚，鱼点头，红鳞闪光。庚午年，水府打仗，两条龙，你争我抢……咱鲤鱼，心头害怕，一家人，逃往四方……到乌江，更遇豪强，轰隆隆，滩头放响。石头飞，穿肠破肚，波浪滚，鱼漂满江。一家人,死去大牛,只剩下,鱼爹鱼娘……夫妻俩,抹干眼泪,都柳江,安下家乡……春产仔,生儿育女,夏戏水,跳跃滩上。秋找食,江河漫游。冬怕冷,潜伏深塘。天地转,春去秋来,咱鲤鱼,才又兴旺。

这首歌谣借鲤鱼避难、屡遭浩劫直至定居繁衍的经历,诉说了水族迁徙与发展的历史。其中以鱼作为水族祖先代表的象征意义是十分明显的。水族不忌讳以鱼作为祖先,这正是图腾意识的反映。

荔波县和三都九阡地区水族不过端节而过卯节,其中有一项传统的祭稻田仪式,祭祀时必须以鱼、螺蛳为供物。荔波县水庆等部分地区水族在每年正月酉亥日过传统的年节额节,节日前夕半夜要设素席祭祖,也以鱼为不可或缺的主要供品。

葬丧期间,丧家及至亲均须忌荤食素,而鱼虾水产不属禁忌之列,而且祭物必须有鱼。总的说来,不论是喜事丧事,不论是祭奠祖先还是驱魔送鬼,都离不开鱼。鱼既是美味食物,更蕴含着纪念祖先的深层意义。这些都表明,鱼曾经是水族先民的图腾物。

# 鬼神崇拜

鬼神崇拜是水族原始宗教信仰的普遍形式之一。在水族的观念里,鬼与神同在,鬼与神不分。鬼有善鬼与恶鬼之分,人死后就变成了鬼。祖先崇拜是鬼魂崇拜的延伸和发展,鬼神观念和血缘亲情观念使人们相信,祖先的灵魂是会保佑子孙后代的,所以祖先死后会被后人当作善鬼善神来供奉。水族属于多神信仰,"有鬼七八百之多",更多地表现为原始宗教的范畴。在水族先民的原始宗教崇拜中,鬼魂被提高到了一个异乎寻常的位置,直到今天在水族人的意识中,还可以数出三百多个有名目的鬼魂,加上存在过而已失去其名称的鬼魂,鬼魂的种类多达七八百个。

水族鬼神不分,水族的鬼分为善鬼与恶鬼两类,恶鬼乃是给人带来灾祸或病痛的恶灵,善鬼则能庇佑家族,略似汉族的"神"。不过同一个鬼为恶、为善又是情景性的。水族心中的

"神"并不等同于"善鬼",能够称得上汉族意义上的"神"的超自然力屈指可数。

能够庇护全家乃至全家族的鬼称为善鬼,这种善鬼(神)既有男鬼也有女鬼,其中水族"开天地造人烟"的创世女神"牙俣",水书的创造者、带领水族各部落大迁徙、为民族的生存和发展做出过重大贡献的陆铎公以及定期到人间送儿送女的生母娘娘"尼杭"等,都是水族极为崇拜的善鬼(神)。树神、岩神、井神,他们能为一方百姓和子孙后代分忧解难,兴利除害,所以都是善神。此外,水族生活中还有很多其他善神善鬼。如:土地神、田神、灶王神、门槛神、保财神、保命神、保神神、保寨神。

此外,还有保护结婚的神、保护营造房屋的神、保护祖宗安葬顺利的神等等。水书上有较详的记载,其所管辖的范围几乎涵盖了水族日常生产生活的方方面面,这些神都必须供祭。

> **知识链接** **母神** 又名娘娘神,地母娘娘。水族认为地母娘娘是给人间送来子女、掌握生育大权的天神,也是水族鬼神观念里众多鬼神中少有的善神之一。娘娘神是人类的始祖母,共有五位,各司其职。有的水族地区凡婚丧嫁娶时,歌手们都要唱关于娘娘神的古歌。

好神利人,给人帮助;恶鬼害人,给人灾难。恶鬼类中有拦路鬼、叫花鬼、杀伤鬼、跌伤鬼、火伤鬼、枪打鬼、淹死鬼、睡死鬼、犯命鬼、老虎鬼、精神病鬼、克夫克妻鬼、疮毒鬼、破财

◀ 橱柜里供奉的是祖母"牙雾西"

鬼、牛头马面鬼、倒路鬼、群鬼，专门伤害婴儿小孩的男鬼、女鬼，主管家中恶鬼、凶鬼的总管鬼，还有觉鬼等等。

历来信奉神灵、祖宗、鬼魂的水族，到了19世纪中叶，因法国传教士深入水族地区，在独山、都匀、荔波、都江等地设立教堂，传播教义，吸收教徒，影响很大。当时这一带教徒曾多达五千余人，其中水族占了很大的比例。20世纪初，曾发生都匀地区的水族、布依族、苗族等各族人民的反洋教案，教徒们纷纷退教。到1949年前，信基督教、天主教的水族教徒已经不多了。随着时代的进步，加上少数民族地区人民的生活、教育、健康水平的不断提高，民间祭鬼、禳鬼的迷信陋俗日渐减少，尤其是当今的年轻人，多数已不再信了。

# "薅"和"解"

水族崇拜的鬼神名目繁多，水书是为和鬼神打交道而创制的，是在为探明众多鬼神的旨意，为趋吉避凶去开展社会实践，谋取福祉的观念指导下创造出来的类似宜忌的历志、历书的原始宗教集成。

水族的宗教活动主要体现在日常生活中。除了平时的婚丧嫁娶、重要节庆、设坛祭祖之外，人们主要通过水语叫"houc 薅"（占卜或过阴）和"jaic 解"等宗教活动来获得心理平衡，而这些活动则以水书为指导，水书贯彻在整个活动的始终。

"薅"是求得活动的原因，"解"则是活动的主体。人们凡是遇到不顺心的事，如家庭不顺，疾病长治不愈等等，则必须要经过"薅"问明原因，然后通过"解"进行解决。水族信仰的鬼神作怪是家庭不顺的主要原因，不同的鬼，采用"解"的方式也不同，所用来敬供的物品和牺牲也不尽相同，从而导致了形形色色、形态多样的宗教活动。

> **知识链接** 水书用途分为两大类，一类称"白书"，用作推测祸福、择吉避凶的卜书；另一类称"黑书"，只用于放鬼、收鬼和拒鬼。"黑书"所见不多，藏者从不轻易示人。"黑书"中颇多象形的秘密记号，非经传授，实义难明。我们常见到的水书，都是白书。

水族博物馆讲解员向专家讲解水书习俗

水族鬼神观念十分强烈，认为"无穷尽的、几乎永远看不见而且永远可怕"的鬼魂随时可能作祟害人。因此，但凡碰到异常情况，如生病亡故，山崩地裂，走路跌跤，落水受惊，大风呜呜呜叫，蛇虫横道而过，听见老虎吼叫，见到阴影移动，见到老鼠啃物，遇见老蛇蜕皮，被鸟粪击中，火灾，疾病久治不愈等等，均会疑为鬼魂作怪，摄人灵魂，降灾致祸。必须采取种种手段、巫术禳解，而且要请水书先生或者卜师依据水书找出何种作祟鬼魅，并行解鬼退鬼的活动。

在水族聚居地区，水族民众在操办大事前，除了丧葬、婚嫁、营建、出行、经商、占卜、节令、生产等日常生活使用水书外，进行各种大小的祭祀活动（驱邪避鬼、各种禁忌事项），都必须请水书先生依据当事者的生辰八字，通过水书条目进行年、月、日、时、方等时空吉凶的推演，寻找最吉利的时间、空间方

稻田田埂
"jaic 解"

能开始行事,这些宗教活动包括架桥修路求子,给小孩解关煞,驱怪,接魂,保福,撑门(包括家门和寨门),退鬼等等,这是水书习俗的基本内容之所在。下面对这些活动略作介绍。

曾祖以上的鬼魂因亡故年代久远,渐渐失去了神性,故在家中已逐渐排不上香火,供品也没有它们的份儿,渐渐地它们就会给家庭带来很多怪异与不祥,便逐渐沦为作祟的凶鬼。尤其是没有后代的亡灵,因无人为它设香火,只能四外游荡,到处抢吃供品祭物,从而给村寨或人家带来灾祸。水族称这种恶鬼为断代鬼。如果发生山雀拉屎淋人,树木突然折断伤人,土塌地陷伤人等现象,即视为断代鬼来找东西吃的征兆。鬼师确定是它作祟,就需杀猪祭祀,让其饱餐一顿,勿令其祸害于人。因断代鬼不能进家享受供品,祭它时就将供桌跨在门槛上,一半在门内,一半在门外。解鬼仪式一般在家中或者野外进行。

挡寨门仪式是一种驱除整个寨鬼的仪式。一般在春夏两季,或在发生自然灾害和传染病流行的季节举行。以村寨为单位,集资购买狗、白鸡、鸭、牛头、猪肉以及生鱼、干鱼、糯米饭、酒等为供品,请水书先生念咒,挨户赶鬼出寨,然后全寨聚餐。餐毕,用草绳联结若干木刀,环绕村寨四周。在村寨大门口,用两把大木刀搭成"鬼架子",架上放置猪、狗、牛的下颌骨,盖以土碗,认为可以不使恶鬼进村。驱寨鬼仪式后,寨口插有标记,三天内,禁止外人进寨,如有违禁进寨者,须承担重新驱鬼的全部费用。

解鬼活动形式多样，一般只有水书先生或者鬼师方能完全了解。解鬼活动除了使用不同的祭品（包括不同种类的活牺牲）外，其中心是鬼师要念咒词，咒词相当复杂，一般人很难掌握。

> **知识链接** **档垛** 寸门（撑门）仪式水语叫"挡垛"，主要指挡鬼于家门之外的宗教活动。撑门要三条小干鱼，要牛皮。如果是撑打雷的，要狗也可以。到撑门的时候，看主人家方便。如果方便，送狗也可以。有三个寸门鬼，三个名称。第一种是用肉来做，第二种是用鸡来做，第三种是用狗来做。除了这三样东西以外，还要一捆刺，用来挂在大门之上。用白纸裹在里面，捆一些香等。如果是杀鸡就滴一点儿鸡血淋那个刺把，同时还扯一点儿鸡翅膀毛一起捆。先倒酒，再点香、烧纸，还要一把刀，若有火药枪则要拿枪来放在旁边。整个"挡垛"活动大概包括三个阶段：第一阶段是请鬼阶段，第二阶段是敬鬼阶段，第三个阶段是退鬼阶段。

占卜是水族卜师用来判断吉凶、预测成败的一种手段。过去民间信奉的人很多，对一般老百姓的精神生活有一定影响。水族占卜有巫卜、蛋卜、石卜、草卜、铜钱卜等几种形式。随着社会的发展和水族人民科学文化水平的逐步提高，过去留传下来的占卜方法，已逐渐被人们淡忘。

# 第四章
## 社会生活

过去水族地区普遍存在"寨老"制度,历来倡导尊老爱幼,扶弱济贫,除暴安良,户际互助。水族实行单偶从夫居的核心家庭,虽然强调男性家长的权威,但随着社会的发展,妇女在家庭中和社会上的地位越来越受到重视。

# 传统社会组织

唐王朝在水族聚居地设羁縻性的抚水州,其辖地为抚水、古劳、多蓬、京水。水族地区唐属抚水州,实行羁縻统治。水族以村落而按姓氏聚居,"夹龙江居","种稻似湖湘",其时水族地区的家族文化、农耕文化已比较发达。在羁縻政策之下,管理各"洞""寨"社会组织,其"洞""寨"内有关集体事务,皆由"都老"主持,若与外界发生纠纷,需要解决时,则由"都老"敲击铜鼓,召集村寨成员共同参加解决。《宋史》记载,"其族铸铜为大鼓,初成,悬庭中,置酒以召同类,争以金银为大钗叩鼓,去则以钗遗

年近期颐的水族老人

主人。相攻击,鸣鼓以集众,号有鼓者为'都老',众推服之"。"都老"大概相当于现在的寨老,一般来说,寨老都是村民公认的有公信度的年长的老人来充当,他们在整个村落或整个家族中

端节祭祖需要有寨老主持

由寨老主持的水族家族祭祖

具有较高的威信。

过去水族地区普遍存在"寨老"制度，寨老一般由为人比较正直、公正的老人担任，他们了解本民族、本家族、本地区的历史，熟悉习惯法，说话办事有理有据，寨上人信得过，为大家所尊重。

水族地区的群众为了维持正常的社会秩序，保证生产顺利进行，生活和平安宁，一个寨子内部或几个寨子联合在一起，共同商议，制定出各种规定，叫作议榔。举行议榔活动之前，要祭祀祖先，杀牛歃血盟誓，敬神宣誓，立石为凭，要求人人自觉遵守。如有违反者，由寨老出面执行处罚，以维护公约的权威性。水族寨老的权力主要包括：调解家族成员之间的纠纷；主持家族族谱的编写工作；制定家族族规，规范家族成员的权利和义务；主持家族祭祖等重大祭祀活动仪式；依据习惯法处罚违犯者以及代表家族与外家族共同签订有关村规民约条款等等。

"议榔"是水族习惯法中的主要内容之一，是以前水族社会的乡规寨约。水族地区，在辛亥革命前就流行"议榔"制，举行"议榔"的时间不定，一般是五年一次。民国时期，有一次"议榔"，年轻人打火枪庆贺，结果被当局处以罚款，为此，多数地区的水族人为了避"聚众图谋不轨"之嫌，废除了"议榔"制，至今已成为历史。这些榔约的内容主要包括：偷禾谷、蔬菜、鱼

▲ 水族一家人

等的处罚；偷牛盗马的处罚；砍伐竹木的处罚；内勾外引盗窃者的处罚；强奸妇女、拐带女人的处罚以及共同对付外敌的措施等等。下面略加叙述。

新中国成立前，荔波县的邑鲜、拉毛、地牙、干田坎、拉易等乡的村寨举行"议榔"，江县的水族也派来代表参加。当时，拉毛寨寨老通知各寨，摊派钱财购酒买牛，以备"议榔"之用。到时，各寨寨老、各家当家人、年轻后生等，拉着黄牛，背着火枪、刀、矛、弓箭，浩浩荡荡，齐集邑鲜寨背后的山坡上，将牛拴在桩子上捆好，然后大家聚集在一起，各抒己见，讨论乡规寨约的内容。最后共同议定：

> **知识链接** "议榔"中对破坏生产的处理 1. 违犯忌春雷者，罚50千克重的猪一头，出酒、米够全寨人吃一顿。2. 火烧他人山林，处罚与忌春雷者同。3. 家禽家畜糟蹋他人庄稼，损失多少赔多少。

  1. 团结互助，抵御外侮，保卫各村各寨的安全。如有土匪劫寨或族间械斗，各寨鸣牛角互通消息，互相支援。2. 维护本民族的社会伦理道德，严禁乱搞男女关系。尊老爱幼。3. 严禁偷盗，在寨中行窃者，被抓获，要受严惩，要杀牛遍请乡亲谢罪。4. 议榔时，对不遵守规定者要予以惩罚。对态度暧昧，是非不明，不表态者，也要问罪。

  条款议好后，如无意见，便请知书识字（汉字）的人用大字写在纸上，然后摆放在长条桌上，大家盖印，表示共同遵守，不得反悔。这时各自取出火枪，对空鸣放，以示庆贺。最后杀牛分食，至一醉方休。

  "议榔"在有的地区分别叫作"阿卡""阿康""议康"等。有资料表明，榕江的水族从1894年（清光绪二十年）到1949年共举行过三次"阿卡"。第一次（1894年）有29个村寨参加议事,内容主要是防范土匪,免遭抢劫,保境安民,惩罚各种偷盗行为,维持本地方正常的社会秩序。第二次(1944年)有9个寨子参加,第三次(1949年)有7个村寨参加,这两次完全是为了防范土匪的抢劫掳掠。有的地区议定的习惯法,内容比较具体。

新中国成立后,水族地区的上述一些旧习惯法,大多已不再施行。但在改革开放以后,为了解决内部问题,人们开始采用"乡规民约"等新的议定内容加以替代,乡规民约的基本内容由村民议定而成,其内容与上述议榔相似。

# 家庭礼仪

家庭是组成社会的细胞,水族的村寨往往是由一个祖宗发展而成的单个姓氏家族,在这个家族内,基本上是具有血缘关系的一个大家庭。水族的家庭是父权制的小家庭,父亲是家内的主权者,家内的经济生活和对其成员的分工与享受全由家长一人做主。家庭分工基本上属"男耕女织",男的负责犁田、抬粪施肥、打米、抬米等重体力活,女的负责照顾孩子、洗衣做饭、织布、插秧、割稻等,男主外女主内。一般的家务及酿酒全由

▶ 妇女负责纺线和织布

妇女承担,遇到朋友亲戚来或者重大节日活动,男主人便亲自下厨做菜。过年打年粑时,由男人承担,打好之后,由妇女来负责成型。儿子结婚后另立门户。家内财产只有男子有继承权。

一个家庭由父母、儿女等组成。儿子长大结婚后,不能和父母一起生活,就要进行一次分家。俗话说:"树大分丫,儿大分家。"分家对父母来说,是一件伤脑筋的事情。根据家里的财产

◀ 水族大家庭

多寡、儿女多少来做出分家计划，然后，把自己分家的打算和计划与族中威望高的老人商量，看这样的分法行不行。在与族中老人取得一致意见后，父亲才向儿子、媳妇们宣布哪一天分家。在分家的那一天，要把族中老人请来，先到田里去分田、分土、分山林；回家来再分钱、分米、分农具和用具。一般的分法是长子多要点儿，父母跟小儿子住，由小儿子负责养老送终，父母也留一份作为养老。由于经济条件的限制，许多家庭的分家，并不是常人所理解的离开父母搬到其他地方另住（当然经济条件好的家庭，往往也会另建住房供分家后的儿子居住），而是所谓的"分家不分房"，仍旧与父母同住一幢房子，分家的儿子等经济条件好了再建新房，另立门户。

老人的这份家产，跟谁住，谁送终，谁安葬，基本就属于谁的，如几个哥弟都来负担，则事后再重分一次。屋子因弟兄多不好分，今后谁有能力起房就自己盖，同时也明确了谁应该补谁多少。家分完后，请族中老人吃饭。在分家中，儿女若有争议，老人一概不理，定了就执行。

有姑娘的，家庭财产稍有富余，也要分一份"姑娘田"给姑娘，这份田由在家的哥兄代种。姑娘如果是出嫁了，到吃粽粑时，作为代耕的哥或兄弟要抬这份田里的米——都是糯米送到姑娘家，所以又称"姑娘田"为"粽粑田"。"姑娘田"或给女子分的财物，是作为置办嫁妆或来往应酬之用，姑娘只有使用权，没有所有权。姑娘如出嫁到老死后，这份田仍归还原来的娘家哥弟。水族大部分村落，都是一个祖公的后裔，是家庭分化后的一个大家族，家族成员之间都是或远或近的兄弟叔伯关系。

家庭内部，父母对子女的教育、婚姻负有全部责任，子女将来的前途，包括婚嫁，一般也是由家庭和家长决定的，家长要对子女进行抚养和教育，以便子女长大之后能顺利融入整个社会。子女长大后必须孝敬父母并尽赡养的责任。即使已分开生活，或是已出嫁的女儿，也都有赡养老人的义务。家庭内部长幼有序，尊老爱幼，夫妻之间互敬互让。长辈进门，晚辈要主动起身让座，用餐时大家用餐，特别是家长还没有入席时，子女不能先开始用餐。长辈在吃饭饮酒时，子女必须在旁边坐着听，并主动为长辈倒酒盛饭。饭毕，子女主动洗刷碗筷并收拾妥当。

> **知识链接** 与其他民族不同的是，婚后水族的夫妻要分屋分床而睡，夫一间，妻一间，各自都有自己的房间。夫妻生活悄悄进行，绝对不能让家中老小知道，更不能让外人知道。客人来后，安排客人单住一间，如果没有专门的客房，则男客跟男主人睡一间，女客跟女主人睡一间。男客及外人（包括自家兄弟）绝对不能进入女主人房间，如果发生这样的事情，亲戚关系将不能再延续。同时酒席间，黄色段子及类似笑话绝对不能提，如果不注意，会被认为是对主人的不尊重。

# 交往礼仪

水族民风淳厚，勤劳朴实，历来尊老崇长，孝顺父母，兄弟友爱，邻里和睦，热情好客，襟怀宽阔，团结互重，患难相助。中华民族大家庭中许多民族都具有这些美德。南方一些民族，地相连，习相染，一致性更普遍。但不同民族由于历史渊源各异，心理素质有别，因而还有一些自己的特点，这里所述的是具有水族民族特点的种种行为规范。

水族人普遍好客，客人来家，全家人要主动打招呼，让坐，

表示主人热情好客的水族交杯酒

并敬烟、敬茶,主动留客人食宿,尽力招待。客人到家,是不能问"吃饭了没有"的,这样问会伤客人的心,而要主动做饭做菜,招待客人。一般客人来,用豆腐、肉类招待即可。招待客人以猪、鸡、鸭、鱼为上菜,以杀猪招待上客为最高礼仪。猪头、鸡头象征尊贵,所以鸡头要敬给客人,猪头留作饯行席的供祭品。吃饭时,待客饮食中以酒为贵,无酒不成席。吃饭喝酒时,主人和客人一同举杯,一口酒一口菜,如果客人自己举杯自饮,自己连续夹菜,会认为不懂礼数,也是对主人的不尊敬。席间主人会频频举杯,以示诚意,但每次喝多喝少,主人并不刻意,客人根据自己酒量适当小饮,喝酒过程中不时加酒,主人力争做到"杯中酒不空",不能喝酒的客人也要举杯,但不一定喝。喝到高兴时,一般要喝水族特色交杯酒(也叫团团转酒),大家联手举杯,举的杯子是自己面前的,喝的酒,则是相邻那一位前面的酒,喝前全桌要吆喝一声到三声"yueix,yueix,yueix"表示亲热。留宿时,主人往往要陪客人过夜,以免让客人感到寂寞。贵宾来,要请族下或全寨作陪,此后又逐家款待,或众人合资宴请。若是女客,凡招待时所杀的牲口,每只都要留一条后腿,待客人临走时,将糯米饭、糍粑或粽子一起带走,叫作"扎包"礼。

走路时,晚辈要跟在长者后面,不能超前,如果违反了,将被众人看作不文明,缺乏修养,不懂礼貌。在途中遇见生人,不管是否认识,都要主动止步,并向对方打招呼,以示问候。客人进家不能随便吐痰,不能吹口哨,不能在火坑上跨越,不能在长者面前跷腿坐,不能大声喧哗。在公共场所或家中,晚辈见到长辈或客人来时,必须起立让座,以示尊重对方。入座时,晚辈不能从长辈前面经过,要绕到背后走,否则会被视为对长辈不尊敬。必须要从坐者面前走过时,要说一声"从你前边过了",以表示礼貌和歉意。晚辈在长辈面前,说话要轻言细语,谦逊诚恳;长辈在晚辈面前,不得嬉笑戏谑。客人酒足饭饱时,碗筷和酒杯要放在桌子上,筷子不能放在碗上,碗和杯不可扣在桌上,否则将被主人认为不礼貌、没有教养或误解为没吃饱,将会给你再添饭菜。

水族人家生孩子,或者家里牲口下小畜,都会在门口挂稻草秸作为标志,来访者见此应止步。

水族夫妻在夜间都是分床而卧,即便过夫妻生活,也要等到夜深人静的时候,再悄悄进入妻子的卧室与其同房,之后又悄悄回到自己的床上睡觉。水族人对夫妻生活讳莫如深,就连平常间看见动物交配,如见蛇、狗等之类的交配等都被视为不吉,往往要焚香化纸祈祷之后方再出门办事。夫妻生活如果放纵不拘,被人撞见,不仅是对他人的不尊,而且也会被认为给别人带来了"霉运"。严重的还要买上酒肉向人家赔礼"挂红"后方能求得谅解。

# 亲属称谓

水族的称谓一般有七代，即己身上三代，己身下三代。己身一代。再往上或往下都没有专门的称谓了。上三代之前，男性祖宗为同为高祖父的 ggongs denc 拱登或 ggongs bux 拱不，女性祖宗为同为高祖母的 yax denc 拱登。在日常生活中，年长的老年妇女统统可以称为 yax 娅，年长的老年长者统统可以称为 ggongs 拱，尚未结婚年轻的晚辈部分男女统统可以称为 nux 奴。男女结婚生子后，一般以子女的身份称呼对方。下表是水族的主要称谓和音译。

| 汉语称谓 | 水语和音译 | 汉语称谓 | 水语和音译 |
| --- | --- | --- | --- |
| 高祖父 | ggongs denc 拱登 | 儿子 | laag 拉 |
| 高祖母 | yax denc 娅登 | 女儿 | laag qbyegs 拉缅 |
| 曾祖父 | ggongs paag 拱百 | 侄子 | laag kkaags 拉卡 |
| 曾祖母 | yax paag 娅百 | 侄媳妇 | laag xiec kkaags 拉些卡 |
| 祖父 | ggongs 拱 | 侄女 | laag qbyegs kkaags 纳缅卡 |
| 祖母 | yax 讶 | 侄女婿 | laag haox bux dic 拉豪不的<br>laag haox bux laox 纳豪不劳 |
| 父 | bux 不 | 孙子 | laag haanl 拉汗 |
| 母亲 | nix 妮 | 孙女 | laag haanl qbyegs 拉汗缅 |
| 哥哥 | faix 怀 | 孙媳妇 | laag xiec haanl 拉吓汗 |
| 嫂 | feez 或 | 孙女婿 | haox haanl 豪汗 |
| 弟 | nux 奴 | 曾孙 | laag henc 拉亨 |
| 弟媳 | nux xiec 奴些 | 曾孙媳妇 | henc xiec 亨些 |

续表

| 汉语称谓 | 水语和音译 | 汉语称谓 | 水语和音译 |
|---|---|---|---|
| 姐 | feez 或 | 曾孙女 | laag henc qbyegs 拉亨缅 |
| 姐夫 | faix 怀 | 曾孙女婿 | henc haox 豪亨 |
| 妹 | nux qbyegs 奴缅 | 重孙 | laag henc 拉亨 |
| 妹夫 | haox nux 奴豪 | 重孙媳 | xiec henc 些亨 |
| 女儿 | laag qbyegs 拉缅 | 重孙女 | henc qbyegs 亨缅 |
| 伯父 | lungz, bux laox 龙或不劳 | 重孙女婿 | henc haox 豪亨 |
| 伯母 | bac, nix laox 巴或妮劳 | 堂弟媳 | qbyegs nux kkaags 些奴卡 |
| 叔父 | bux dic 不的 | 堂孙 | laag haanl 拉汗 |
| 叔母 | nix dic 妮的 | 堂孙媳 | laag xiec haanl 拉些汗 |
| 堂兄 | faix 怀 | 堂孙女 | laag haanl qbyegs 拉汗缅 |
| 堂弟 | nux 怀 | 堂孙女婿 | laag haox 拉豪汗 |
| 小姨父 | bux dic 不的 | 姨表兄弟之孙 | |
| 姨表兄 | faix byeeuh 怀表 | 姨表兄弟之孙媳 | |
| 姨表兄嫂 | feez 或 | 姨表兄弟之孙女 | |
| 姨表弟 | nux byeeuh 奴表 | 姨表兄弟之孙女婿 | nux 奴或叫名字 |
| 姨表弟媳 | nux byeeuh 表 | 姨表姐妹之孙 | |
| 姨表姐 | feez byeeuh 或表 | 姨表姐妹之孙媳 | |
| 姨表姐夫 | faix byeeuh 怀表 | 姨表姐妹之孙女 | |
| 姨表妹 | nux byeeuh 表 | 姨表姐妹之孙女婿 | |

续表

| 汉语称谓 | 水语和音译 | 汉语称谓 | 水语和音译 |
|---|---|---|---|
| 姨表妹夫 | nux 奴或叫名字 | 姨表兄弟之曾孙 | |
| 姨表兄弟之子 | | 姨表兄弟之曾孙女 | |
| 姨表兄弟之媳 | | 姨表姐妹之曾孙 | |
| 姨表兄弟之女 | nux 奴或叫名字 | 姨表姐妹之曾孙女 | |
| 姨表兄弟之女婿 | | 姨表兄弟之重孙 | |
| 姨表姐妹之子 | | 姨表兄弟之重孙女 | |
| 舅父 | zuz 竹 | 舅表兄弟之孙 | |
| 舅母 | feih 毁 | 舅表兄弟之孙媳 | |
| 舅表兄 | faix byeeuh 怀表 | 舅表兄弟之孙女 | nux 奴或叫名字 |
| 舅表兄嫂 | byeeuh feez 或表 | 舅表兄弟之孙女婿 | |
| 舅表弟 | nux byeeuh 奴表 | 舅表姐妹之孙 | |
| 舅表弟媳 | byeeuh 表 | 舅表姐妹之孙媳 | |
| 舅表姐 | feez byeeuh 或表 | 曾表兄弟之曾女婿 | |
| 舅表姐夫 | faix byeeuh 怀表 | 曾表兄弟之重孙 | |
| 舅表妹 | byeeuh 表 | 舅表兄弟之重孙媳 | |
| 舅表妹夫 | nux byeeuh 奴表 | 舅表兄弟之重孙女 | |
| 舅表兄之子 | nux 奴或叫名字 | 舅表兄弟之孙婿 | |
| 舅表兄之媳 | | 舅表姐妹之重孙 | |

# 诞生习俗

生儿育女、延续后代是人生中最重要的事情之一。以前水族孩子都是由有经验的妇女接生，现在随着医疗技术的发展，往往在医院生产。

以前水族婚育中有不少巫术内容，程序相当庞杂，概括起来主要有未孕求子巫术、婴儿出生求平安巫术和抚育子女健康成长巫术等。夫妻成家多年，如果还未生下一男半女，必须要寻找原因，除了上医院查找原因之外，人们往往求助于神灵，要么拜石神菩萨，要么修桥筑路做"好事"，以求送子娘娘能够及时送子。要知道为什么不能怀孕，最简单的办法是"薅"。所谓的"薅"，就是水族地区传说能够在人和鬼神之间传递信息、类似于"半人半仙"的准宗教职业者。大多由妇女担当，称为巫婆。但现在，这种现象已经越来越少。

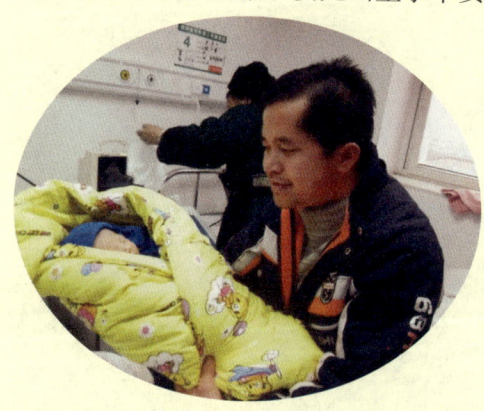

◀ 在医院刚刚出生的婴儿佳佳

孩子出生后，为保母子平安，也有许多与之相关的巫术活动。婴儿生下来后，主人要在大门口最醒目的地方插上草标，以此警示外人不得擅自闯入，以避免给产妇及新生儿带来病患之类的不吉。即使是外家人来看望产妇和新生儿，也有许多禁忌，特别是属相与新生儿相克的人更是要绝对回避的。新生儿的胞衣（即胎盘）要深埋地下，不能让猫狗之类的动物吃到。产妇坐月期间，足不出户，只能待在家中，更不能到别人家里去。产妇到别人家去将被视为给别人带来"晦气""霉运"，一旦违犯，产妇家要行"挂红"之礼为他人消灾除祸。所谓的挂红，就是向这家送去公鸡甚至大肥猪之类的东西作为赔偿。新生儿出生三天内不能洗澡，不能穿衣服，只能用布包裹，三天后要行洗三朝澡仪礼才能穿衣服。洗三朝澡的水要用稻草、带壳鸡蛋等煮沸而成。沐浴后，还要行"洗百口"之礼。即由婴儿的奶奶或母亲用口嚼碎一口饭喂给婴儿，谓之洗百口，以此喻言小孩今后能吃会长，健康成长。

新生儿从出生到长大成人，还有许多人生仪礼需要进行。这些人生仪礼或多或少也包含有巫术活动的内容，而且目的只有一个，那就是保佑小孩身体健康，茁壮成长。这些人生仪礼主要包括满月、命名、拜保爷（石神菩萨或具体的人）、立指路碑、修桥筑路等。

有的地方，新生儿出生满一个月后，要举办满月酒来祝贺小孩满月。满月仪式还有另外一个目的，那就是以此向外人宣布产妇坐月期限已满，可以任意到别人家串门了。不过，满月之后，产妇要背上小孩带上公鸡，先到外婆家后，才能到别人家去。满月仪礼规模，视家庭经济情况和小孩的性别而定。经济富裕的或者婴儿是男孩的，规模一般都要大一些。水族地区

求菩萨

祭送子娘娘神

重男轻女观念较强，生的是男孩，自然会得到更多的器重，女孩受到的器重程度远不及男孩。满月酒的当天，亲朋好友都要带上各种礼品前来祝贺。外家带来的贺礼，有衣服鞋帽玩具等，其中水族特色的背带是必不可少的。有的还要送著名的马尾绣背带，这种背带坚固耐用，可以祖孙三代流传使用，被称为"子孙背带"。为答谢众亲友对小孩的关爱，主人家要设宴款待宾朋。宴席之后，客人离去之前，还要煮上象征婴儿健康成长的红蛋馈赠各位亲友。

## 取名习俗

水族的姓不多，主要有韦、潘、吴、蒙、陆、石、张、王、谢、胡等，其中一些姓氏《宋史》上已有记载，传到现在，至少已近千年。

水族人的姓名，一般是先说姓，后说名。姓都是单姓，名则由两个字组成。如19世纪中叶，水族历史上有名的反清起义军领袖姓潘名新简。20世纪初，在上海参加过中国共产党第一次代表大会的水族著名革命活动家姓邓名恩铭。20世纪50年代前后，有一位水族上层领袖、民主人士姓潘名一志。

小孩取名，一般由族中人或是他人给取名，也有拜寄人或物而取名的习俗。水族人的名字，家庭有家名（乳名），进入学校时使用学名，有学问的人，一般还有字或者号，但字和号使用比较少。乳名单音节较多，也有两个音节的，三音节很少。学名第一个字一般是家族规定的字辈，下一个字则可以任意，一般多用吉祥、响亮的褒义字。字辈是区别长幼辈分的标志，不能任意变更。例如三都水族自治县大河镇苗草村全村都姓韦，约有1 500人，家族的字辈顺序是"洪应登朝廷，国学仕启文，祖宗恩泽厚，光大发英雄"20个字。笔者本人高祖父是"登"字辈，家名韦褒，学名韦登祥；曾祖父是"朝"字辈，家名韦长寿，学名韦朝举；祖父是"廷"字辈，家名中才，学名韦廷杰，号异凡；父亲是"国"字辈，家名石玉，学名韦国选；笔者是"学"字辈，家名京文，学名韦学纯；儿子韦世特，是"仕"字辈，但为了减少重名，在取名时，使用同音字"世"字代替"仕"。

是否按字辈取学名，主要看家庭教育背景如何，如果一个人不上学，就没有学名，而只有家名。学校同学之间，老师叫学生，一般叫学名，而在家中或者寨子、亲戚之间都叫家名，以前朋友之间一般叫号或字，但目前字或号比较少，往往用学名代替。用字辈起名，过去只限于男性，女名一般不纳入字辈，但随着教育的发展，文化水平的提高，有的家长给女孩取名时也开始使用字辈。

另外，兄弟之间，家名也有头一个字一样的，但不一定是字辈，如作者本人金文（京文）兄弟、堂兄弟：金成、金真、金府、金县、金词、金念、金省、金武等，都是以"金"字开头。这样以"金"字开头的，如果父母觉得好，亲戚之间可能也有使用的，本人有表弟叫金达、金道、金石，但他们并不姓韦，而是姓"杨""潘"等。村子之内一般省去姓氏，直接叫名字。公婆对儿媳，弟妹与兄嫂之间，晚辈对晚辈，不能直呼名字，而是使用亲属称谓来称呼。

此外，水族男女青年在家里还有用水话起的乳名（家名），一般不具备什么意义。有孩子的人，别人往往用他们孩子的乳名，前边加上bux（父）与nix（母）来称呼他们，例如：bux（父）tez（特），意思是"特的爸爸"。

# 第五章
# 独具民族特色的婚丧嫁娶

领略独具水族特色的婚嫁习俗，水族奉行从问亲、提亲、占吉、订婚、吃小酒到结婚的婚姻基本步骤。水族的丧葬习俗也是极具民族特色的。水族是一个典型的"轻生重死"的民族，丧葬过程、形式、礼仪、禁忌都比较繁杂，其程序大致分为报丧、入殓、择吉、开控、出殡、安葬、除服等几个阶段。

# 婚姻习俗

水族的婚姻一般实行一夫一妻制。求偶择配严格奉行"同宗不娶，异姓开亲"的族外婚制。根据史书记载，水族自宋代始，沿龙江而居的有区、廖、潘、吴、蒙等几个大姓，一个姓氏就是一个血缘集团，因此同宗同姓不许通婚。至今水族同村寨的少的几十户，多的百来户，往往都是同姓。这些姓氏认为，他们都是同一父系祖宗血缘的亲属，所以不能通婚。

随着时间的推移，各姓人口逐渐增多，住地日益扩大，血缘关系越来越远，加上受汉文化的影响，同姓氏并不一定同血缘，"同姓不婚"的限制，造成了一些地区已届婚嫁年龄的青年男女，找不到婚配对象的严重困难，于是逐步出现了破姓开亲的现象，但仍然要恪守"同宗不娶"的原则，即便相距百里之外，相隔多少代之久，也不允许违犯这一禁例，否则就要受到社会舆论的谴责或本民族族规的惩治。

水族过去实行过姑舅表婚，即姑母的女儿应首先嫁给舅父的儿子作"回门亲"。当姑母家的女儿长大以后，要先征求舅家的意见，舅家享有优先娶姑母家第一个女儿的特权。若舅父无儿子或年龄不相称，才允许对外开亲，但应付给舅父一份"外甥

婚礼之前 ▶

钱"。这就是水族民歌中传唱的"天上雷公大，人间舅爷大"的含意。在"回门亲"中，姑母家如有几个女儿，只要"回"一个就行了。所以过去水族地区的"血表亲"较多。现在，"血表亲"已成为历史陈迹，但仍留下来"外甥礼"作为象征。

在水族聚居区，盛行本民族互相婚配，但在民族杂居地区，历史上水族可以跟汉族、布依族、苗族等其他民族相互联姻。现在，水族男女跟其他民族通婚的现象已经很普遍。以前结婚不用登记，现在必须到登记机关进行登记，领取结婚证。结婚仪式的方式和步骤，各地水族不完全一致，但总的情况大同小异，一般需经历下述一些程序。

## 择亲

水族青年婚配，大都由父母择定。一般水族家庭，当儿子成长到十七八岁时，父母就要为儿子择定婚配对象。寻访到以后，再去找与女方有关系的人去说亲。即使是自由恋爱的青年男女，也得经父母同意后，再请人说合。

## 问亲

男方家长物色好某家女娃后，预先测算男女双方生辰八字，是否相合。如果相合，男方请媒人去女方家问亲，第一次先捎口信，试探女方家的态度。第二次请媒人携带礼物，红糖数斤，银项圈1个，5斤左右猪肉，去正式问亲。如女方不同意，就要择日把礼品退回。即使同意这门亲事，女方为了显示女儿的身价，也要择日退回礼物。第三次男方家再择日去问亲，除银项圈外，肉与红糖要适当增加。此时，女方如不再退还，就表明婚姻关系已得到了初步确认。

## 定亲（吃小酒）

当女方家接受礼品，表示认可以后，男方家就要择日去定亲，俗称吃"小酒"。定亲要给女方红糖二三十斤，猪肉四五十斤，也有抬猪去宰杀的，还有酒若干，主要是宴请女方家的族辈，这叫"合欢酒"。给女方舅爷家的"外甥礼"这时也要随同带去。过去，"外甥礼"一般有小猪一只，红糖数斤，猪肉数

即将出阁的新娘

斤，烟叶一斤，酒一小坛，约5~10斤，还有礼金若干。这礼是由女方家直接带给舅爷家的。送了"外甥礼"和吃了"小酒"，婚姻关系就算正式成立了。

  定亲时，男家除携带礼金、首饰、猪以外，还得按女方家族户数，分别送鸡、红糖、糯米粑等礼物。女家的叔伯姑舅等也要带礼物前来祝贺。然后杀猪、宰鸡、祭祖，设首席款待双方的最尊者，双方必须选出精通古礼古规、能说善辩的酒仙为代表，相当于证婚人。席间，女方代表以对歌形式发问："远古时，我们同公；老祖宗，我们同姓。同了姓，怎么开亲？"男方代表回答："远古时，我们同苑，到贵州，我们破例，破了例，弟娶姐女，破了例，我们开亲。"然后饮酒，陪客开席。接着女方代表向男方代表提出要求，唱："姑娘到夫家受虐待，要靠你调解。"对方答应承担责任。男方代表也提出要求："新娘出阁，必坐夫家，靠你劝说。"对方同样也应诺。

  这时证婚人将红包送给新人，其余客人就席对歌，饮酒祝愿。但也有些地区，兴"取八字"仪式，在桌上摆四碗酒，其中一个碗底下，放有写着新娘生辰八字的红纸条，由男方代表拿起碗来取字，每拿一碗，要喝一碗，一直到有纸条的那一碗为止。次日女方族中人分别或联合宴请来客，宣告吃定亲酒过程结束。

送亲队伍

在定亲仪式之后数月或半年，由男家决定婚期，提前向女家禀告，这是水族婚俗礼仪的最后一步，一定要请水书先生选定吉日良辰，严格按照"水书"的规定办理。娶亲过程也有好几个步骤。

## 新娘出阁

水语叫"luis dol"（雷朵），即出门的意思。新娘出阁或进门之前都要祭祖，这是必须的。过去新娘出阁，要由她的亲堂兄弟背着，手持半张开的雨伞；现在，只背出门或过河、过桥及岔路口，如果当天有几家接亲人走同一条路时，则要背全路程。

男家在前一天派遣少男少女去女家接亲，带上三四斤糯米饭和两三斤熟猪肉，还有小坛装的酒三四斤。有的地区是在手提竹篮内装锯

嫁妆中少不了的羊毛大衣

第五章 独具民族特色的婚丧嫁娶 085

由兄长打伞送新娘

镰到女家迎接新娘。竹篮和锯镰是示意新娘日后勤割猪菜,勤操家务。接亲客到女家的当天晚上,寨上青年男子上门与接亲女客对歌,你歌我答,叙古道今,男女听众,济济一堂,一首首,一曲曲,直唱到深夜以至天明。

次日,新娘头包青布帕,穿花边绣领衣,银花、手镯、项圈、翡翠,全身盛装,在接亲和送亲客簇拥之下出阁。新娘出门步行,打一把红纸伞,有的要把伞撕开一条缝。个别地区由新娘的哥弟背去夫家。新娘在途中,一忌打雷,雷声预示着将来夫妻不睦;二忌踩脚印,如遇上这种情况,应按水书先生的指点进行解脱。新娘到男家的村寨后,如"进门"时刻未到,要暂进别家休息,等到吉时才进屋。

## 新娘上门——不拜堂，不闹新房

进门，水语叫"sas dol"（啥朵）。当新娘将进男方家时，男方家里的人（包括新郎）都要退避屋外恭候，待新娘进屋后，大家才跟着进去。在新娘进屋前，新郎的母亲要向新娘背后喷洒一口水，或者用芭茅草、常青树枝轻拂新娘背上，意思是驱除邪祟。有的人家还将田螺悄悄放在新娘床下或坐凳底下，希望新娘像田螺那样蜷缩，专心家务，白头偕老。新娘进门后，不拜堂，不闹新房。此时，主人立即招呼所有客人进家，设宴开怀畅饮。当日晚，新娘在送亲姑娘的陪伴下住宿，新郎不得入内。

◀ 婚嫁时给女儿送去的谷种

## 吃"媒酒"

这是水族婚礼中最隆重的仪式，比"吃小酒"更为丰厚。一般是猪肉100~200斤，红糖50斤上下，还有糯米、酒、礼金各若干，具体多少看双方协议确定。届时由男方抬至女家，并请族中长辈、平辈若干人陪同前往。女家将送来的酒肉设宴，并在堂屋正中设上供桌，敬供猪头，陈放礼金，酒至半酣，双方各推选一人，在供桌前对唱一大碗酒，接着双方媒人也来对唱一大碗酒，这表示今后如有什么纠葛或男女不睦之事，参与唱这大碗酒的人都负有协调的责任。吃了媒酒以后，女方家族还要宴请男方陪同来的客人。姑娘出阁，过去是在吃媒酒以后，现在大多改在吃媒酒之前了。

## 嫁妆

嫁妆多少根据礼金厚薄，还要看女方家的经济实力。陪嫁礼品有布匹、衣服、被褥、生活用具、鞋、衣柜及折糯米之类，富有者还送牛、马以及家用电器等。现在还陪嫁缝纫机、录音机、电视机、摩托车、冰箱、洗衣机以及汽车等现代高档用品。

▲ 作为嫁妆的马匹

## 回门

一般的,新娘当天吃过饭后回门,路程远的则第二天回门,新娘及送亲者返回娘家。

成亲的当天新郎不亲迎新娘,新郎、新娘也不举行拜堂仪式,甚至结婚当天,新娘、新郎都不能见面,更没有"洞房花烛夜""闹洞房"之说。新婚之夜,新娘由伴娘陪同到天亮后,即回门娘家。婚礼后的一段时间,新娘都住在娘家。

有的地区,两三天后,新郎就带些礼物,把新娘接回来。回到男家的当天,新娘要为三家六房每户挑一挑水,去认公婆、叔伯、哥嫂,并下厨操持家务。从此以后,新娘不定期地来往夫家,直到生第一个小孩后才常住夫家。

嫁妆中的马尾绣背带和日常用品

随着社会的进步,水族地区的婚俗礼仪正在发生着深刻变化,传统的道德观念、伦理秩序和礼仪格局,逐渐被打破。现在是传统礼仪与现代婚礼呈现并存交织的局面。比如有的婚姻虽然由父母包办,但必须听取双方子女的意愿。有的是先自由组合,再由父母按传统婚仪补办。在具体进程中,又淘汰了一些环节(如"吃媒酒"与"订亲"合并,或大大简化),注进了一些新内容。这是社会发展进步的必然趋势。

> **知识链接** **离婚与改嫁** 水族社会中，离婚案件很少见。按照习惯法：男不愿女，罚5头水牛；女不愿男，罚3头黄牛。有的地方如果女方不愿意，要退回结婚的全部彩礼。故离婚案件少。
>
> 对于改嫁，死了丈夫的中青年妇女，在一年的服丧满后可以改嫁；但是，不能嫁给本家族的哥弟，也不准嫁给本寨，必须嫁到外家族和本村以外的寨子。已改嫁的寡妇不能再回本村来，更不能来以前的夫家，不许去前夫家看望亲生子，但子女可以去看她。如果寡妇不改嫁，完全可以全部继承丈夫的一切财产，并受到全村人的尊敬。如果寡妇要改嫁，只能带走自己个人的所有东西，属于丈夫家的一切财产，那是一点儿也不能享受的。寡妇改嫁时，新夫家还要付给前夫家一笔"寡金"——实质上就是变卖妇女的身价。如今，上述种种习惯和限制已逐渐取消或改变了。

# 丧葬习俗

水族对死人的丧葬保留了较多的原始信仰，丧葬的过程、形式、礼仪、禁忌都比较繁杂。水族的丧俗繁杂，其程序大致分为报丧、入殓、择吉、开控、出殡、安葬、除服等几个阶段。

## 报丧

死人之后，家里要鸣放铁炮数响，向四邻报丧，族中人闻讯，自动前来帮助，商议治丧事宜，根据亲戚的亲疏远近，分头派人去通报。主要目的是：一让亲属知道噩耗，二让亲属和家族忌荤。水语叫"qbaas"（拔）。水族忌荤是禁食陆生动物的肉、油，不禁水产的鱼虾，鱼还是丧事中的主要祭品和招待家族亲属时不可少的主菜。如死者是女的，娘家、夫家两族都要吃素，直到安葬为止。

> **知识链接** **忌荤** 忌荤是水族丧俗中比较特殊的禁忌，是活人对死者的缅怀与悼念。凡与死者同一家族的成员，不论相距多远，都要主动忌荤。人们认为，如果谁不忌荤，以后谁的子孙将逐渐稀少，子孙不发达，所以忌荤是相当主动的。有人认为，忌荤习俗是水族先民曾在海边一带生息的遗俗。

## 入殓

将一切准备工作就绪后,待族中的长老或舅公的人亲视死者后,择吉日吉时入殓。入殓前须将死者的身体用净水擦洗,整容、梳理,更换寿衣时,要扶死者坐在铜鼓或炕谷子的竹箩上,脚踏铜锣。寿衣要用布料的,一般3、5、7件,一定要穿长衫或裙子,切忌穿短衣入棺,穿短衣意味着无后代。寿衣要用白、黑、蓝三色,单层单数,忌穿双数。

入殓后,将亡人生前所用衣物、床单等拿去村边焚化,需留下的也要用烟火熏过。有些人家还折一纸船,放进亡人的一点儿衣角布料,拿去河沟边烧化,随水流去,意思是把亡灵带回老家。这一遗风也透露出水族远祖溯江而来的信息。入殓时,在场的人不能互相呼唤姓名,有事只能打手势或用称代词语,以防死者把生人的灵魂带进棺去。停棺时间一般为3~5日,也有时间长的。停殡的几天内,还要进行开控活动。入殓后棺材顺房梁而停(阳安和羊洛地区棺材则与房梁垂直),棺廊前放一方桌,桌上摆放香蜡纸及鱼酒饭等。阳安和羊洛地区不忌荤,可以供猪肉等,其他地方不供陆生肉类。

▶ 母丧跪迎上家

## 择吉

待将死者入殓后，择吉日吉时出丧安葬，择吉就是死者家属请水书先生来选日子。水书先生称之为测课。水书先生根据亡人生年属相，相生相克的道理，选定吉日吉时，举行一种叫作"点降"的仪式，以保人丁兴旺、财源不断。"点降"时，要请6位（也有只请1位）水书先生，6杯酒，6双筷子，6碗饭，用6条鱼作为主祭品，放在簸箕内，下面垫糯谷草，祭陆铎公。

## 开控及其仪式

在死者丧葬期间，一般要举行吊丧仪式，水语叫"feex kuml"（开控）。开控规模的大小视家境而定。一般分小控、中控、大控、特控等。

若经济条件来不及或无吉日出丧，则将棺材停放在堂屋或抬到屋外，用土覆盖棺材后，丧家即可开荤，所谓"闭棺开荤，见棺吃素"，待来日再举行击鼓和开控。小控只是扎一些简单的纸伞、旗幡等上坟，请一队芦笙、唢呐，吹奏一个晚上，杀一两头猪或牛，打些豆腐米祭奠或待客。小控花销少，破费不大，为广大群众所采用。其他几种类型主要是规模加大，时间延长，内容增加，耗费自然也就增多。尤其是做特控，控场上舞龙、舞狮，放黄烟、钢花、火箭、孔明灯，唱山歌、吹芦笙、唢呐，跳花灯，放铁炮、鞭炮，此时，远村近寨，人们倾寨而来，人声鼎沸，震动山坝，火光彻夜长明，这种场面要延续两三天甚至五六天之久。

以前，水族富有的家庭做一次"特控"，要宰杀几十头猪、牛和马，规模之大，热闹之非凡，盛况空前，足见水族地方"重死"的程度。

悼念亡灵的香坛必须用盛米的"升"

开控期间，丧家要请水书先生念经咒。丧家准备一头或数头牛作"砍利"用。起用铜鼓、皮鼓，表示六铎公来接亡人去阴间。丧家或姑娘家或舅公家要请唱歌队、芦笙队等来吊丧，并备办有各种祭帐、纸幡等等。在屋中设灵堂、唱歌堂、芦笙堂等。出丧前，来客要来进堂祭，即祭献祀品；"砍利"即砍牛，由女婿或舅公家人持刀屠牛。所屠牛肉连皮分送给亲友，丧家不食。现在则用牛肉招待客人。

开控

水族的丧葬活动，礼仪繁杂，历史悠久，对水族地区经济和文化的发展有一定影响。比如开控时，四面八方来人汇集一地，小商贩、手工匠等要进行集市贸易，这样就促进了农村手工业、小商业的繁荣。悼丧需要唱丧歌，刻石碑，制作各种纸扎品，舞狮、舞龙、吹芦笙、奏唢呐，由此产生了一些职业性或半职业性的歌手、器乐手、芦笙队、雕刻匠人和纸扎工艺匠人等。

## 家奠仪式

家奠，也叫家祭，是水族人民对死者出殡前举行的一种特别告别仪式，具有水族自己独特的文化氛围。举行家奠，一般由一精通水族传统礼俗及水书的文人作"通站"（相当于主持人），设讲书堂（专讲孝经孝章）、讲礼堂、讲孝堂——由三位德高望重且辈分高于孝子者承担这三处经、礼、孝的讲读。

◀ 唱孝歌

家奠设盥洗所、鼓所、乐所，设迎灵诗所、送灵诗所，设歌蓼莪诗所、歌思亲诗所等。下面是"通站"对家奠程序的基本主持。

通站：孝堂肃静，举行家奠礼。阖族孝眷及各执事人员等秉香序立排班，起鼓，再起鼓，三起鼓，鸣金，升炮，奏乐。寂奏清音，执事者扶孝子出帐，执杖入帏，整麻冠，束麻带，绾麻袖，纳草履。执事者扶孝子停立东街（灵柩东侧），执事者扶孝子诣盥洗所，濯水进巾，诣熏香所，三熏三沐，执事者扶孝子绕棺三次，执事者扶孝子诣灵位前，行茹血礼，兹毛鳞血，迎灵诗者，歌迎灵诗。

——迎灵诗：哀念我父（母），舍我仙游，举行奠礼，以仲子情，英灵不眠，还魂祭奠，伏翼降鉴，来格来偿。

执事者扶孝子入帏，长媳诣灵位前，献茶食，献羹汤，献毕退位。执事者扶孝子执杖出帏，诣讲礼堂，鞠躬依杖，恭听讲礼，讲礼者请带讲礼之首章，请代讲礼之次章，请代讲礼之三章。（——此三章讲仁、德、孝礼，略）

执事者扶孝子诣讲孝堂，鞠躬依杖，恭听讲孝。讲孝者，请代讲孝之首章，请代讲孝之次章，请代讲孝之三章。（——此三章专讲孝礼，略）

执事者扶孝子诣香楮所，静洁秉香，诣香所案前，行初上香礼，再上香礼，三香礼。执事者唱案，孝子就位跪，搁杖，上

灵堂

香，再上香，三上香，叩首，再叩首，三叩首，拾杖，兴。执事者扶孝子诣讲书堂，鞠躬依杖，恭听讲书。请圣者讲孝经之首章，讲孝经之次章，讲孝经之三章。（——此章选讲孝经之一、二、三章，略）

执事者扶孝子诣酒斟所，司斟者，举皿初酌酒，亚酌酒，三酌酒，诣灵位前，初献酌礼，亚献酌礼，三献酌礼。执事者提灵，孝子就位跪，搁杖，献酌，再献酌，三献酌。伏，再伏，三伏，孝子举哀，歌蓼莪诗者，歌蓼莪诗之首章，之次章，之三章。

——附蓼莪诗一首：父兮生我，母兮鞠我，抚我畜我，长我育我，顾我复我，出入复我，欲报之德，昊天周极。这首蓼莪诗来源于《诗经》。

歌诗者，歌思亲之首章，之次章，之三章。

——思亲诗：（首章）思亲恩胜海深，思亲形梦中人，渺茫恍惚已无凭，要得见难得见，除非梦中来相见，要相逢难相逢，除非纸上写真容。（次章）手扶竹杖恨悠悠，我父（母）忽然登鹤楼，三更酌酒三更泪，五更烧香五更愁，日日思日日哀，月月思月月哀，何时得缅我心怀。（三章）缥缈白云往何方，突然一梦赴黄泉，今对灵前三献酒，一杯薄奠一杯哀，鲜鱼旨酒空献酌，手夫竹杖父（母）永归，日落西山还见面，水流东海不回头。

执事者扶孝子退位。阖族上香，奠酒，奠毕，退位。执事者扶孝子复位，跪，搁杖，献酌，再献酌，三献酌，献食，献果

◀ 点主仪式

品，献馔，献冥钱，献宝帛。伏，再伏，三伏，府伏，听读哀文（哀文相当于悼文，长孝跪于棺头哀读），兴。哀文悬挂三年，以念考（妣）创业之苦，兴家之劳。执事者扶孝子停立，歌送灵诗者，歌送灵诗。

——送灵诗意译：痛念我父（母），撒手人寰，成礼撤班，神冥莫留，无以报德，子职有亏，千秋永别，再见无由。（同时用水语注释）

执事者扶孝子执杖入帏，守孝三年，以报养育之恩。家奠礼成，富贵双全，家奠礼毕，万事大吉。执事者撤班，鸣炮，奏乐。

守孝三年，也就是孝子必须背孝帕三年直到除服期满，此期间每餐先供，不能饮酒猜拳等等。从家奠的程序中，我们知道水族孝敬的内涵极其丰富，孝子自孝帽到孝帕，到麻衣，到竹杖，到草鞋，都各有内容和讲究，如孝帽左右两边悬着的两个小纸球，雅称"塞耳铃"，意思是孝子为老人治丧尽孝，要不可不及，不可为过，尽自己的能力与诚意，其他不必理会别人言说。

从"蓼莪诗""思亲诗""讲书""讲礼""讲孝"中，我们看出水族人民特别讲究孝道，"讲书"虽讲孝经，但所选均是孝章。从"迎灵诗""送灵诗"的设置看，由于过去科学文化落后，水族人民有崇奉鬼神的痕迹。

家奠尾声，特有强调："守孝三年，以报养育之恩。"这使我们更看得出"孝"的厚重。家奠仪式，目前在水族地方仍然极为普遍。

此外，有的地方还举行点主仪式，点主仪式与祭奠仪式相似。

### 出殡

送葬

要按水书先生择定的日子、时辰、方位行动。棺木盖上红毯子，上面绑一只红公鸡。一人在前撒纸钱。长子端着一升米（用于插香）和灵牌走在前头，其余送葬人群和耍龙的、舞狮的、芦笙队、唢呐队，还有旗幡、伞盖等队伍尾随在棺木后，浩浩荡荡送往墓地。

### 安葬

掘墓穴（水族叫"墓井"）前，有的地方要先敬土地神。挖好土坑后，在穴底用朱砂画一八卦图以驱邪，有的用大米画成八卦或写上"富贵双全"等字样，然后下棺入穴，由水书先生校正方位（分金），孝子撒下一把泥土，众人动手垒坟，毕，水书先生念跳井、入棺等咒语。最后立石碑，碑上刻死者名号，生卒年月及子孙名字。

墓井

安葬实行土葬，分便葬、急葬、浅葬、深葬四种形式。土葬是死者入棺后直接上山埋葬，对尸体不再作其他处理。对非正常死亡的人，如被杀死、得恶疾、难产和怀孕时病死等，要先行火化，再装棺入土安埋。便葬是不举办"开控"吊丧仪式即行埋葬。急葬是因某种原因来不及筹备开控追悼，先入土安葬，过后再作计议。浅葬是一种假葬，因所选择的日子尚不完美，先把棺木抬至选定的墓穴，但不能完全入土，常用两根横木垫住棺底，或在棺头贴放一块木板，不让棺木附着泥土，等选好吉日，再将垫木或隔板抽掉，让棺木完全入土深葬。深葬即是一次性下棺入穴，以后不再移动或修整。

## 除服

死者入土三年后，丧家还得举行除服仪式。届时杀鸡祭祀，然后把供死者的香亭、牌位、堂祭门联等物一概焚烧，并把孝帕在香烟上熏飘几圈，此时方可宣告孝期结束。除服时往往在大门贴上除服的对联。

守孝三年，是水族人对自己父母从仙故到安葬，到除服，所遵循、禁忌以表孝心的礼俗。水族丧事忌荤吃素，葬后开荤，但对孝子要求更严，有的葬后三早才开荤，有的杀一只鸡念咒取其血冲水漱口才开荤，有的敲一条小狗驱邪，每人吃一块后才开荤，葬后"三九"二十七天，孝子要去墓地守灵。"七七"四十九天，孝子要打袭衣睡地铺（悉心体会父母的养育恩勋）。故者为父，自剃光头戴孝之日起，九十天内孝帕不能脱（如出远门不便，可挂香亭上），胡子不刮，头发不能理。故者为母，则延至一百二十天（年幼时母亲喂奶，喂饭，洗屎搓尿更为辛苦）。守孝期间，家里待客不能猜拳行令，不能邀交杯酒，饭前要拿饭、酒、菜去香亭灵位前供奉等等。水族非常孝敬老人，就是守孝期满除服后，也常将舀好的饭放到桌上供一会儿，酌好的酒点一滴在桌上（以示对先人的遥祭）。这正是今天水族后人饮酒前常点一滴在桌上的缘故。

◀ 除服对联

随着时代的进步，现在水族的丧葬习俗有了许多变化，仪式也日趋简化。为了表示对死者的悼念，一般只开小控或中控，时间是一个晚上到第二天早上或上午半天。有些地区已不讲究择日，选择"三日大葬"，选择墓穴，仍然喜欢福地吉穴和利山利向。

# 第六章
# 历法与年节

水书习俗是整个水族民间信仰的核心，而其表现的民间信仰则涉及人们生活的各个层面，水书是水族信仰文化的代表。水族具有丰富的民族文化遗产，水书习俗、水族端节和水族马尾绣是水族的重要文化遗产。

# 水族历法

水族有自己的历法，俗称"水历"。历史上，水族曾使用过自然历、无闰月水历和有闰月水历等。现在水族地区通用的水历是有闰月水历。有闰月水历主要散见于水族古老的典籍《水书》各卷中，这种水历大多只有水书先生才能看懂。除此之外，水族地区还有两本通俗易懂的《年下用月日历书》和《日下用时历书》流传于民间，是普通百姓在日常生活中，用于选择良辰吉日的水历手册。

水历是水族的一种传统历法，以阴阳合历为依据，加进了天干地支和阴阳五行。水历把一年分为十二个月，四个季节，三个月为一季。水历实际上和农历差不多，只是岁首的时间不同，水历的岁首是农历的九月，水历称为"端月"或"正月"，含有开端起始的意思。

水族的闰月历法以农历的八月和九月分别为年末岁首。水历与农历相对应关系如下表：

| 水历 | 一月 | 二月 | 三月 | 四月 | 五月 | 六月 | 七月 | 八月 | 九月 | 十月 | 十一月 | 十二月 |
|---|---|---|---|---|---|---|---|---|---|---|---|---|
| 农历 | 九月 | 十月 | 十一月 | 十二月 | 正月 | 二月 | 三月 | 四月 | 五月 | 六月 | 七月 | 八月 |

**知识链接** 水历与农历在月份上正好相差四个月，可以用三个字来帮助理解，即"正五九"。也就是说，水历的正月是农历的九月，水历的五月是农历的九月，水历的九月是农历的五月；反过来也行，即农历的正月是水历的五月，农历的五月是水历的九月，农历的九月是水历的正月。

# 水族年节

水族人民不仅有自己的历法，还有许多传统的节日。这些节日具有群众喜闻乐见的民族形式和丰富多彩的生活内容，为广大水族人民所喜爱，它是水族民族文化的重要组成部分。水族的许多传统节日，有的是为了庆祝一年的辛勤劳动，获得丰收后的喜悦。有的是借农闲季节，走亲访友，谈情说爱；有的是对神的感恩，有的是对家庭子嗣幸福安康的祈求。既是欢庆娱乐，也是社交活动。节日加深了水族人民的民族感情和广大水族地区各民族间团结友爱的气氛，节日展现了水族精神文明的特色，丰富了中华民族的灿烂文化。

水族的年节不尽统一，呈现年节种类众多、批次繁杂、地域交错、时间不一的缤纷现象。水族的年节有端节、卯节、额节、苏宁喜、七月半、春节（借荐）等，其他节日有霞节、清明、端午、六月六、中秋等。水族固定的节日主要有以下几个。

## 节日的季节——端节

水族的端节，水语叫 zyel duec, zyeel duac, zyeel toc "解端，借端，解多"，有的地区也叫"瓜节"或"额节"。这是水族分布范围最广，参加人数最多，形式最隆重的一个节日，是水族的一个年节，相当于汉族的春节。它遍布三都、都匀、独山等县市的大部分水族地区。每年水历十二月（阴历八月）到二月（阴历十月）逢亥日，就是水族过"端"的日子。各地过"端"不在同一天，按传统习惯，有先有后。端节保留着水族古代谷熟庆典、过新年的遗风，是水族众多传统节日中规模最大、覆盖范围最广的节日，号称世界上最长的节日。

端节的具体批次如下：

从水历十二月初至二月初的亥日（还有一个是午日和未日）都是水族过大年端节的日子，是水族最隆重的节日。水族过端节有自己的特点：在过端节的水族地区，按传统习惯，大家分七批轮流过，一般在逢亥的日子过节。端节从首批过节到末批过节，一般相隔49天，若遇水历十二月有三个亥日，则相隔61天。

第一批水历十二月份第一个亥日由都匀市王司的内外套头地区、丹寨县小羊昌等韦姓为主导的血缘氏族村寨开始过端。

第二批水历十二月第二个亥日或最后一个亥日是三都水族自治县水龙乡的马连、拉佑、大河镇的苗草、合江镇的尧吕、周覃镇的水东等地韦姓过端。

第三批是水历正月（端月）第一个亥日为水族的十六端，过端地方为三都水族自治县的廷牌、恒丰、甲岛、天堂、水龙、石奇、独山唐立等的韦、王等姓，第三批过端节的是水族地方最大

▲ 端节祭祖

的一个批次，过端人口最多，范围最广。

第四批是水潘（塘州）午日端。

第五批，第四个亥日是三都水族自治县的中和、地祥、三洞、九阡及荔波境内的部分水族过端。

第六批，三都牛场未日端。

最后一批，也就是第七个端节，三洞的兰领、九阡的水昂、水碾、峦董等地过。

若水历十二月出现三个亥日，那么第二批的拉佑、水东协议分开过第二个亥日和第三个亥日，不让端节断开，也就是说，拉佑和水东在协商之后，让谁先过第二个亥日端，谁后过第三个亥日端。若水历十二月出现闰月，第一个十二月王司地区家家举行象征性的祭祀仪式，正式过端节则在第二个十二月，同时拉佑和水东也必须在第二个十二月才过。

不同地区、不同姓氏的水族过不同的亥日，这一情况反映了水族社会曾经经历过血缘家庭的历史阶段。以血缘家庭为基础的社会群体，可能形成以一个氏族部落或几个氏族部落为联盟的形式，随着社会的发展，集团内部不断壮大，人口多了，生活需求增加了，不得不分散各地。水族分批过"端"，正是血缘纽带关系在水族社会生活中的历史文化遗迹。

> **知识链接　端节的由来**　很久以前，水族一先人在朝廷做官。在亥日举行的百味宴上，北方人说"羊肉好吃"；南方人说"海味好吃"；水族先主说"盐巴最好吃"，结果那位水族先主被朝廷杀了。随后，朝廷派人来调查了解，还是有盐巴的菜才好吃。于是，朝廷下令，为被杀的这个水族先主恢复名誉。问水族人有什么要求，水族人民说："八月亥日是先主被害的日子，我们要求在八月的第一个亥日过端节，来纪念我们的先主。"于是，逢年八月的第一个亥日便成了水族过"端"的日子。又说，韦孟修是水族中的老大，即套头是长房。在水族弟兄们集合的"十六水"会议上，各弟兄都带了很多东西，有3年的鱼，8年的窖酒等在集会上确定，由套头大哥先过第一个端节，老二、老三依秩序过第二、第三亥日端节。还有一个民间传说，说的是远古时候，水族先祖从广东、广西过红水河，来到三洞一带，日子久了，人丁多了，三洞已不够住，于是纷纷外出，寻找新的住地。老大去了套头，老二留在三洞，老三奔拉佑和水东，老四到了水婆，还有一支走向水潘。弟兄们平时辛苦繁忙，很少有机会见面，到谷物成熟归仓季节，才有空互相走访，庆丰收，叙家常。因亥日是远祖逝世的日子，为了缅怀先人，慎终追远，于是协定亥日作为彼此相见、祭祖欢娱的日子。根据抓鱼的大小决定过节顺序，最后套头老大过第一亥，依次是拉佑、水婆、水潘、三洞、牛场、兰岭最后关尾。

## 端节的主要活动

端节的主要活动包括端节祭祖、祭马坡、赛马、打铜鼓以及亲戚朋友的拜访与接待。最近十几年来，随着卯节的唱歌活动与影响，在端节期间对歌也越来越受到水族同胞的青睐。

端节之前，家家洒扫庭院，居室内外收拾得干干净净。节日的前一天，过节村寨敲响铜鼓，辞旧迎新。除夕（戌日晚）和初一（亥日）晨祭祖，忌食荤，供品中不能有鱼以外的其他肉类，忌荤但不忌鱼。祭祖的时间从亥日的前一天，即戌日的晚饭开始到次日午饭前止。祭祖期间，全家一般都要忌荤食素，以表对祖先的尊敬。水族祭祖讲究用素食作供品，其中以南瓜、茄子、豆腐、花生等最常用。

端节祭马坡

　　登高跑马是水族端节活动的另一个重要内容。跑马的时间都在亥日（相当于汉族春节的大年初一）午饭后进行。赛马结束后，人们回到家中大摆宴席款待宾客，开荤畅饮，通宵达旦，整个村寨完全沉浸在节日的喜庆中。端节赛马活动都有固定的场所——端坡。赛马是端节活动的最高潮。人们吃过年酒后便成群结队地从各村寨赶来这里，端坡顿时人山人海。青年人赶端坡不但为了看赛马，还把这盛大的聚会看成是物色情侣的好机会。赛马之前也要举行一个简单的祭典。人们在跑道中央或旁边设一供席，上面摆着各种各样的祭品，由寨中德高望重的长者主祭，长老伫立桌前神情肃穆，端着斟满酒的酒杯，对祖先进行祭奠。祭典开辟端坡的祖先，祈求保佑端坡赛马活动平安无事，来年风调雨顺，五谷丰登。祭典完毕，寨老跃身上马在跑道上进行开道，宣告赛马开始。

　　一般来说，来参加端坡赛马的都是具有相当经验的骑手，端坡赛马一般参加的马匹都有一些毛巾等一类的纪念品。赛马过程为，首先对马匹进行编号，然后分组进行比赛，最后决赛分出一定的名次。端坡赛马组织者根据捐款多少，适当给予优胜马匹一定的奖金。赛场争先，竞技夺魁，充分体现了水族的进取精神和英雄气概。端坡既是民族节日的盛会，又是民族体育运动的赛场。端节赛马，骑手赢得的不仅仅是荣誉，更多的是为赛马做准备和赛马过程中的种种快乐。

水族地区的端坡数量众多,有的是一个村寨有一个端坡,有的是几个村寨共同拥有一个端坡。许多端坡历史悠久,传说是最早的寨老开辟的,大都有数百年历史。端坡是集体共有公共场所,赛马的跑道和端坡上的一草一木,任何人都不得破坏或侵占,否则要受到习惯法的惩治。随着人口的不断增加,有的端坡容量有限,不能满足端节赛马的需要,不少村寨在寨老的倡导下另辟新的端坡,所以有的地方的端坡数量在增加,但如今由于交通的发展,为了形成一定的规模,人们往往把几个端坡合并为一个端坡,有的地方端坡的数量则在减少。

赛马根据马匹的多少,时间长短不一,一般为两三个小时,到傍晚时分结束。赛马归来,客人们兴高采烈,成群结队进入过端的村寨,好客的主人酒肉宴请,村村寨寨铜鼓、皮鼓声响成一片,人们饮酒唱歌,沉浸在节日的欢乐之中。

2010年苗草端节马坡赛马

一批端节一般要过三天,有的地区有长到五六天的。端节以体育和文艺活动为主,其中敲铜鼓庆贺丰收、祈求来年幸福吉祥和敬祖祭祖是一项主要内容。铜鼓系在房梁上,由两人合击,在节日里,铜鼓需长敲不息,鼓声彻夜不绝,有些地区还以皮鼓伴奏,鼓声时而低沉,时而高亢,节日气氛浓烈。

水族端节源远流长,其古老、庄严的祭祖仪式和赛马等端节活动,以其古朴神秘引起了人们的关注,水族端节是水族民族传统文化中的重要组成部分,已经被列入国家级非物质文化遗产。

## 东方情人节——卯节

部分水族不过端节,而是过卯节,即以水历九月或十月的卯日为节日。过卯节的水族妇女不穿带花边的长衫,与过端节地区的妇女在服饰上稍有差别,语言也有些不同。根据"过端不过卯,过卯不过端"的说法,庆端节和庆卯节的水族,早期可能是两个不同血缘纽带的群体。

卯节祭石神 ▶

**卯节的来历** 关于卯节的来历，有种种美妙的传说：

传说很久很久以前，在九阡水各地方有一对仙男仙女，男的叫阿腊，女的叫阿向，他们相亲相爱，生活得很幸福。还经常用仙术帮助乡亲种好庄稼。暴戾的尖顶王听说以后，下令把这对夫妻赶走。阿腊夫妇舍不得离开乡土和乡亲，于是男的变成一个坡，女的变成一口井。这个坡宽阔平坦，坡上坡下细草如茵，终年常绿；这口井泉水甘美，大旱之年也永不枯竭。人们为了纪念他们，就称这个坡为"阿腊坡"，叫这口井作"阿向井"。并选定每年水历十月辛卯这天拿酒肉来祭拜，唱歌跳舞，相沿成习，就成了今天的卯节。

还有一种说法是，在很古很古的年代，水族的先祖带领众人到九阡水各地区撵走了野兽，开辟荒山，垦殖田园，年年庄稼遍山坡，粮食满屯箩。有一年，忽然恶神降火，放蝗虫来田坝吃稻谷，大家惊慌失措，不知如何是好。正在这时，陆铎公从天上飞来，叫人打扫屋宇，除尽尘埃，撒向庄稼地，蝗虫被灭尽了，庄稼又生出了新芽。先祖为了感谢陆铎公，定下每年水历十月辛卯这天，备办酒肉，感恩祭拜，水族便在每年农历辛卯这天备办酒肉祭祀他，以后逐渐变成了卯节。先祖的第九个姑娘水仙花，在这天曼声高歌表示庆贺，从此九阡地区有了卯节，并在"卯坡"对歌。

**卯节的批次安排**　卯节，水语叫 zyeel maaux "解（吃）卯"。这是水族端节以外的又一个最具民族特色的节日。在阴历的五六月过卯，是以水书和水历为依据的。农历五六月是水历的九月和十月，在《水书》中，把十月喻为"绿色生命最旺盛的季节"，"辛卯"日是"最顺利的时日"，在分批过卯的周期中，以辛卯为最佳节日，而丁卯则为凶日。如哪个地区轮到过卯的那天是辛卯，就意味着来年风调雨顺，无灾无病，太平康乐，人寿年丰。如逢丁卯过节，预示来年不利。卯节以头一天（寅日）为大年除夕，这天，家家户户打扫门前屋后，摆上醇香的米酒佳肴，祭天敬祖，祈祷来年吉祥如意。

跟端节一样，卯节也分期分批过。从地域范围看，过卯节的水族主要分布在龙江上游，即今天荔波县玉屏、水利、茂兰和三都县的九阡、周覃等乡镇的水族村寨。每年夏季，当各种农作物都已栽毕，三都、荔波两县交界处的部分水族居民在水历九月、十月，逢卯日之际（丁卯除外），分四批过节。荔波县的水利过第一个卯日，城关镇和水尧过第二个卯日，水浦过第三个卯日，三都县的九阡和周覃的部分地区过第四个卯日。过卯节的先后和地方，水族民歌是这样唱的："第一卯，水利的卯；第二卯，洞坨的卯；第三卯，水扒、水浦的卯；第四卯，九阡的卯。九阡宽，吃卯在后。"

◀ 卯节祭祖与敲击铜鼓

**卯节的节目活动** 卯节，为时3~4天，主要活动是祭祖和卯坡对歌。卯节也讲究祭祖，但除祭祖外，卯节期间还要祭祀六鸭道人，到稻田边祭祀禾神，到水井边祭祀水神，到卯坡祭山神等等。不仅如此，供品也与端节不同，卯节不以素食而是以荤食特别是猪肉为主要供品。

三都水各和荔波的水利设有民族传统的"卯坡"。卯坡多坐落在傍水的山坡上。这一天，男女青年都穿起节日盛装，去卯坡对歌。每年卯节的这一天，水各的卯坡都是人山人海，热闹非凡，人数多达万人以上。

◀ 卯坡对歌

与端节到端坡赛马一样，上卯坡对歌之前，也要由寨老主持隆重的祭祀土地神仪式后，众人方可上山唱歌。参加者不限年龄，不分民族，只有已婚妇女按习惯不能参加对歌，男子不受限制。对歌时，男女双方各有一主角对唱，其余歌手只是助唱附和，观众们层层围拢，为歌手们鼓掌叫好。有些未婚青年，在对歌中产生爱情，互道衷肠，互相馈赠，有的就在这天定下终身。对歌的高潮往往是在夜晚，当明月临空时，山坡成了歌的海洋。每年来到卯坡上观看或参加对歌活动的人数达上万人。卯坡上人山人海，歌声此起彼伏，热闹非凡。卯节又被誉为水族的"歌节""东方情人节"。

卯坡多坐落在傍水的高坡上，是传统的歌会场所，地势宽敞，坡顶平坦，可容纳数万人。

过卯时，各村寨铜鼓声声，高昂远扬。水族男女都会敲击铜鼓。三人一组，两人握棒打鼓，另一人把比铜鼓略小的木圆桶塞进铜鼓腹腔内，随鼓声节奏伸缩，引起共鸣，使鼓声更加悠扬动听。

在三四天的节日中，水族家庭里天天高朋满座，热情宴请。

▲ 水族卯坡——歌的海洋

男女宾客各由男女主人分别陪席。主客按长幼次序入席,传饮"交杯酒"。

随着社会的发展,水族地区与汉族接触往来日益频繁,前三批的卯节(都集中在荔波县)萎缩趋势明显,有的地方甚至已放弃卯节改过汉族的春节。但九阡的卯节,即第四批卯节,却保存得相当完整。时至今日,每年九阡地区水族过卯节仍然是热闹非凡,人山人海,歌声此起彼伏。

## 苏宁喜节

三都水族自治县和勇乡吴姓村寨,其次是相邻的恒丰乡部分村寨,以及独山县塘立乡毗邻的一些村寨,在水历的四月(阴历十二月)丑日这一天过"苏宁喜"节,作为年节。据记载,水历四月丑日,"牙花散""牙花离"(地母娘娘或生母娘娘)发送许多婴儿去人间做人家的子嗣。和勇地区吴姓水族为求人丁兴旺,所以定这天过年。

"苏宁喜"是水语suc nyenz his的音译,意为水历四月丑日节。与之对应的农历时间是腊月丑日。节日期间,家家户户剪许多彩色纸孩,贴在娘娘供桌的墙上。全寨儿童提着特制的小竹蔸,结队逐家去讨吃象征幸福长寿的花糯米饭、花鸡蛋、肉片等

第六章 历法与年节 109

食物，被乞食的人家都热情接待。节日中，妇女也分外受到尊重，祭典由她们主持，所以有人把苏宁喜节称为水族的"妇幼节"。

◀ 苏宁喜

## 春节

　　水语叫"解（吃）荐（正月）"，就是汉族的春节。三都水族自治县九阡地区有几个村寨，还有周覃地区、阳安地区的水族既不过"端"，也不过"卯"，而是跟汉族一起过春节。其中历史最久的要数阳安的谢姓蒙氏杨氏居民。据传，这部分水族原是唐应州刺史谢元琛的后裔，至今这些人不仅在节庆方面与一般水族不同，在丧葬与语言方面也有自己的特色，他们可能是三都县境内早期水族居民中的一个单一的氏族群体。

　　三都水族自治县自成立以来，水族人民的政治地位得到了显著提高，大批水族干部得到提拔重用，水族人民充分享受到了当家做主的权利。参加了工作的水族干部往往文化知识要高于一般的水族群众，他们的工作、学习、生活的方式与当地汉族干部完全一样，汉族的春节以及现代社会的节日如三八、五一、六一等节日他们都是最先认可并乐于接受的。春节期间，他们回到农村老家，总是会备上一些年货，准备一桌丰盛的酒菜，跟汉族一样度过春节。这些水族干部自觉或不自觉地成了传播汉族春节的使者。春节期间，人们除了燃放鞭炮、祭祖外，祭祖不再忌荤，大年初一还要拜石神菩萨。节日期间，人们也互相串门拜访。

# 水族非物质文化遗产

多年来，水族地区有关单位积极将"水书习俗"等水族文化遗产申报国家"非物质文化遗产"等项目。2002年2月经中国档案文献遗产工程国家咨询委员会评审，水书首批入选"中国档案文献遗产名录"；2006年6月，水书习俗、水族端节和水族马尾绣三项正式列为第一批国家非物质文化遗产名录，由中华人民共和国国务院公布，中华人民共和国文化部颁布，并颁发证书。

2005年12月，"水族卯节"被贵州省人民政府公布为首批省级非物质文化遗产代表作名录。2007年5月，"水族祭祖""水族婚礼""水族服饰""水族医药""水族双歌""水族敬霞节""水族（九阡酒）酿酒技艺""水族铜鼓舞""水族弦鼓舞"被贵州省人民政府公布为第三批省级非物质文化遗产代表作名录。2009年8月，"水族豆浆染"被黔南州人民政府公布为第三批州级非物质文化遗产代表作名录。2006年，三都县政府将"水族干栏式建筑营造技艺""水族银饰煅造技艺""水族剪纸""水族石刻""水族古歌""水族调歌""水族蔸歌""水族单歌""水族情歌""水族斗角舞""水族葬礼""水族苏宁喜节""水经""水族金边绣""水族祭稻田""水族百鸟衣制作技艺""水族银佛帽制作技艺""诘俄呀""水语""水族端坡""水族卯坡""水族图腾""水族棋艺""水族手键""水族历法""水族皮鼓制作技艺"公布为第一批县级非物质文化遗产代表作名录。2010年12月，三都县政府将"水族辣椒制作技艺""水族牛角雕制作技艺"公布为第二批县级非物质文化遗产代表作名录。上面的文化遗产在前面已经多作介绍，自然不必多说，下面选择几项稍作介绍。

## 水族豆浆染

水族豆浆染曾广泛流传于三都水族自治县境内的水族聚居区域，是水族古老而独特的手工印染技艺。在过去相当长一段时间里，豆浆染装点和美化了水族人的生活。与蜡染相比，豆浆染具有印染成本低、工效快、可批量生产的显著特点。

水族豆浆染 ▶

豆浆染的起始年代现已无从考证，直到20世纪七八十年代及90年代初期仍然十分兴盛。当时的水族农村，无论谁家接亲嫁女，都要以豆浆染的制品为陪嫁，它曾是水族家庭不可或缺的家居生活用品。

豆浆染的具体做法和步骤为：用生石灰水调好豆粉，调成糊状，然后根据需要在布上放上模板，利用黄豆的成浆原理，将豆浆抹在模板上刮平，揭起模板，一幅凹凸有致、呈蛋黄色、散发着豆香的带有图案的布品就出来了，豆浆干后放入蓝靛缸中浸染，再进行晾晒、脱浆处理，一幅蓝底白花的豆浆染就做好了。图案一般都以水族传统图案为主。

随着现代化进程的加快，交通的进一步改善，物流带来了价格便宜且色彩丰富的工业化家居产品，豆浆染逐渐淡出了人们的视线。2009年8月，水族豆浆染被黔南州人民政府公布为第三批州级非物质文化遗产代表作名录。

身着百鸟衣的男子 ▶

### 水族百鸟衣制作技艺

水族百鸟衣主要分布在三都水族自治县都江、坝街、巫不、羊福等水族聚居区。百鸟衣是水族男子在节庆舞蹈中穿着的一种富有特色的装束。一套完整的百鸟衣包括上衣、裙子和头饰。百鸟衣制作的关键主要体现在裙子上。裙子由32~36根绣有各种图案的布条组成，下端呈尖三角形，每角以薏仁珠及白鸡毛为装饰。有的裙子只有一层，有的有两层，布条一长一短，具有层次。舞动时，布条及羽毛上下翻飞，具有动律美感。头饰的主要材料为竹篾及头布和装饰用羽毛构成。舞蹈时，用绣有马尾绣的宽布条从额前包到脑后，固定后，布尾自然下垂，酷似古代的头盔。百鸟衣为水族妇女用手工制成，一般需3~4个月。受现代文化的冲击，百鸟衣的很多古老元素已流失，增加了很多新的东西。现仅在都江镇怎雷村一带还有部分制作艺人。2006年，三都县政府将"水族百鸟衣制作技艺"公布为第一批县级非物质文化遗产代表作名录。

## 水族马尾绣

水族马尾绣被列入国家非物质文化遗产名录。水族马尾绣是一门水族独有的传承千年的民间刺绣技艺，由聪明贤慧的水族妇女世代相传。其独特之处在于用丝线缠裹马尾进行刺绣，采用平绣、空心绣、挑绣、结线绣、螺形绣等针法，在水族土布上绣制，经过缠丝、勾线、补花、陪绣、钉金等多道复杂工序，绣品呈现浅浮雕感。马尾绣工艺主要用于背带、翘尖绣花鞋、衣服、围腰、胸牌、童帽、荷包、刀鞘护套等的装饰上。马尾绣用料考究且工艺繁杂，一般而言，刺绣一件成品需十多道工序，耗时1个月，而制作一件马尾绣背带，要花上整年时间才能完工。

绣有凤凰图案的马尾绣垫子

在形形色色的刺绣艺术品中，马尾绣的独特之处在于用马尾刺绣，依然采用古老的乱针、扎针等刺绣技法。其刺绣工序是先用洁白如雪的丝线缠裹3~5根马尾，将缠好的马尾丝线毫无破绽地连在一起，按所设想的图案一针一线地绣在底布上，丝丝镶嵌，勾勒成各种各样的精美图案，再配以五颜六色的丝线丰富所绣图案的色彩。最后，用金色的小铜片点缀其间，闪闪发光，耀眼夺目，整个刺绣品类似彩色浮雕，精美绝伦。

水族地区物产丰富，除了以上提到的风物特产之外，水族地方的糯米、辣椒、花椒、香菇、松茸、木耳、甜茶、香猪、河鱼、铁板烧、木器、竹器、花椒布、回纹布、鱼骨纹布等都极具地方特色，具有极大的开发和利用价值。

# 第七章
# 教育、医药与体育

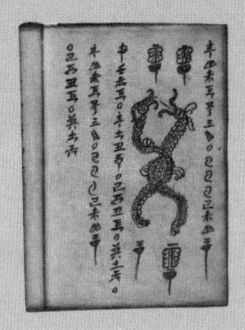

　　一个民族教育的发展是这个民族的希望，几十年以来，水族教育事业具有长足的进步和发展。水族的民间医药极具民族特色，同时医疗卫生也得到较好的发展。水族端节赛马习俗是水族体育的一个缩影，水族聚居地三都是全国赛马之乡。

# 民族教育

水族民族教育可以由家庭教育、社会教育和学校教育几个部分组成。

水族历来重视家庭教育,家庭教育的主要内容是要子女孝顺父母,尊敬长者,敬老爱幼,和睦相处,要勤俭持家,勤劳致富等。家庭教育的方式一般是由父母对子女,兄长对弟妹,在日常生活中要言传身教,以身作则,既讲道理,又加以指导。由于水族长期受封建社会伦理思想的束缚,重男轻女,男尊女卑,在家庭中,反映在对子女的教育上也有所表现。例如对年青的一代男子的教育,从为人处世到生产技能,主要由父兄负责;而年青的一代女子主要从母亲和姐嫂那里学习纺纱织布,刺绣蜡染,操持家务,主持家政,乃至与周围、上下、远近各种关系的相处,代代相传,相沿成习。

水族文化进课堂

社会教育是指学校教育和家庭教育以外的所有传统的和当代的种种民间教育。社会教育是人生成长过程中不可缺少的一部分,也是民族文化传承不可分割的一部分。传统的水族社会有社会成员通过言传身教、生产生活的角色扮演等影响年青的一代。

一个人成长过程中包括生产技能、社会生活技能、民族文化传承等都需要社会成员来影响。像水族的水书传承以及马尾绣制作等则是通过专门拜师学艺获得教育和传承，水族民族节日如端节的传承和影响，是通过世世代代的民族民间各个成员间的影响来获得。社会是一个大课堂，每个人都会受到社会环境变化带来的影响。

◀ 马尾绣制作

学校教育是传授文化科学知识的系统的正规教育。水族地区的教育，根据史籍记载，从明代开始，荔波就办了县学，但随即废置。到了清代雍正时，荔波设学，乾隆五年（1740）三脚（今三都水族自治县）始设义学。嘉庆年间，荔波设立荔泉书院和桂花书院，到了同治时（1862—1874），都江一带创办的义学达13所。同期，三脚屯也设立了崇文经馆、养正蒙馆。光绪时，办了书院。都匀地区学校的设置比荔波、三脚屯还要早。当时，进义学、蒙馆、书院学习的水族子弟可能不多，但汉文化教育的传播，对水族地区文化水平的提高，无疑会有一定的影响。据荔波县民国年间统计，清代全县的廪生292名，其中水族52人，其他任文武职官、塾师和擅长雕刻、书画的有24人。水族中不断出现文举和武举。辛亥革命后，办学点深入到水族村寨。民国期间，三都县共有小学27所，其中设在水族聚居地的约有10所，荔波县有中小学66所，设在水族村寨的有36所。同时，都匀县、独山县等地的水族大村寨也都办了学堂，以后又办了高中。榕江县设了国立师范，为水族学生的继续深造创造了条件。抗日战争期间，许多大学从北方和沿海迁往内地，有一些到了贵州，因此在新中国成立前夕，水族已有大学毕业生。

▲ 水书水语教师培训

1949年以后，政府十分重视少数民族地区文化教育的发展和提高，水族地区的教育发生了根本性的变化。县有高中、师范学校，区办了中学，乡办了中心小学，一般的村寨都有了小学。在民族聚居区办了民族中小学。为了帮助少数民族提高文化水平，政府采取了免费或减收甚至送学上门等许多措施，使水族知识分子成批成长。

> **知识链接** 《水族教育史》周崇启、韦族安和石国义编写的《水族教育史》2010年由贵州教育出版社出版发行，填补了水族教育史研究的一个空白。《水族教育史》一书将水族教育发展史的上限追溯到先秦的夏朝，下限为21世纪初期。该书以"清代以前的水族教育""清代的水族教育""民国时期的水族教育"和"新中国建国后的水族教育"为主要内容，通过追溯、记录、分析、论述水族教育发生、发展的历史轨迹及得失，阐述了两千多年来水族教育的萌芽、发展、壮大的过程及其原因。该书将研究的重点放在近现代，以丰富的史料为基础，梳理水族教育在近现代的演进过程。

水族民间还流传着"水书"（水字），但主要用于择吉，也十分难认、难记、难写，由于水书远远不能作为记录语言、交流思想的通用工具，而且水书实际上只掌握在少数水书先生手中，一

学校老师向学生传授水书

般群众如果不经过专门的学习，无法认识和运用水书，所以水族地区的文化教育实际上以汉文教育为主。水书的教育和学习则是由水书先生选择弟子直接传授，没有专门的教育机构负责水书的教学。近几年来，随着人们对水书研究的深入和影响，水族地区开始把水语和水书作为重要的水族文化在中小学进行适当的教学，编写了相关的教材，这对水族的文化传承起了积极的推动作用。

水族最集中的地区是三都水族自治县，下面简要介绍三都县的教育情况以及近年的教育发展情况。

## 学前教育

少年儿童是民族的希望，抓好学前幼儿教育，从小陶冶性情，培养良好品德，开发智力，锻炼体格，是学校教育关键的一环。三都水族自治县于1958年创办"三都县机关幼儿全托班"，

1963年园址由原文化馆迁至水井湾现址，1964年改为半托制，1966年实行家长接送制至今。到1982年，全县共有幼儿园（班）9个，入园儿童740名。1989年年底，幼儿园入园儿童180人。幼儿教育得到各级各部门和幼儿家长的普遍支持，发展得比较快。1985年全县有幼儿园（班）共16所。1986年3月，水族女青年蒙治珍进入县城自办育英幼儿园，带动了民办幼儿教育的发展。1987年，全县幼儿园、学前班共有54个。1995年，县第一幼儿园经黔南布依族苗族自治州教育委员会验收，达到省级类别等级幼儿园和县示范性中心幼儿园标准。2001年成立县第二幼儿园之后，县一幼和县二幼被确定为县城小学新生生源培养的主要基地。

2013年，三都县共有幼儿园26所，其中公办幼儿园5所、民办幼儿园21所，学前班148个，在园（班）幼儿8 432人，其中少数民族儿童约占90%。学前教育三年入园（班）率为54.8%。现在，全县所有乡镇中心小学和部分村级完全小学校均开设了学前班，招收6岁儿童接受学前启蒙教育。

## 中小学教育

小学教育是整个教育的基础，是提高教学质量、提高全民族科学文化水平的起点。三都水族自治县根据各个时期的特点，制定了切合实际的办法来推动小学教育的发展。

20世纪50年代初，将重点放在了挖潜力扩大招生方面。1952年，全县有小学27所，比1949年时只增加了4所，但学生却由1 735人增加到了5 775人。50年代中期，在民族聚居地区先后建立了6所民族小学，使少数民族儿童入学人数大增。到1957年，全县103所小学，在校生为12 163人，适龄儿童入学率达43%。

普及农村小学教育，改变广大农村文盲充斥的文化落后状况，教育部门根据边远山区居住分散的特点，采取早晚班、女生班、隔日班等灵活多样的办学形式，使适龄生入学率大幅度提高。1976年，全县公办民办小学达490所，在校生为33 362人，适龄儿童入学率高达95.7%，出现了普及小学教育的高潮。但由于经济基础薄弱，与工作脱离实际，这种局面只维持了一个短暂的时期。

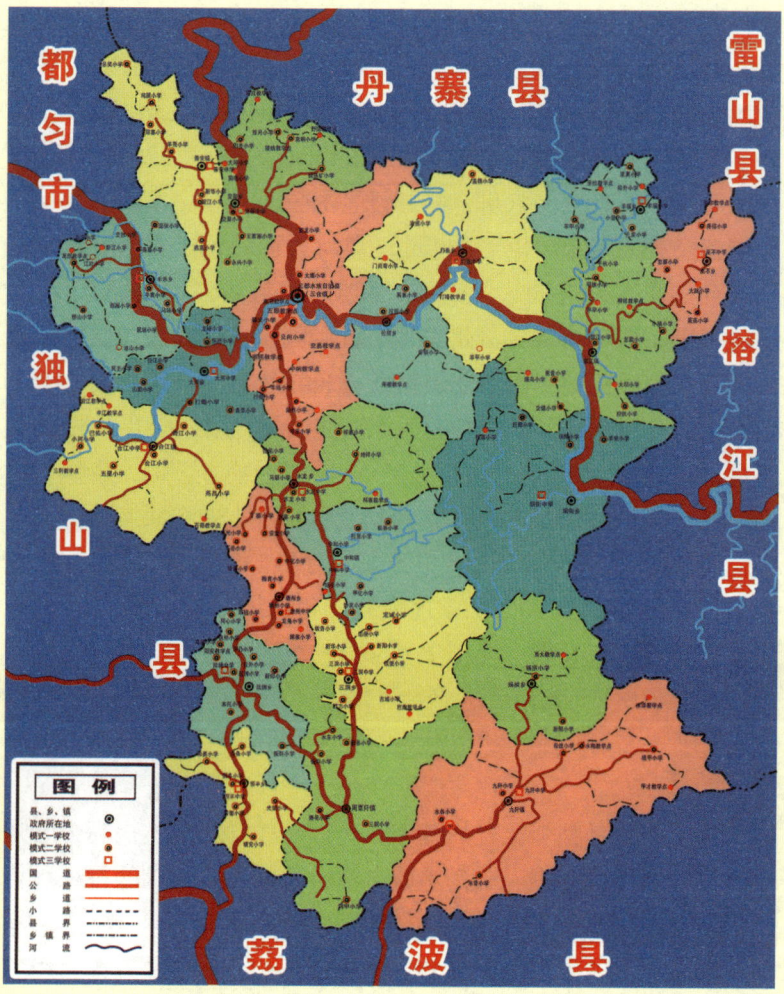

三都水族自治县各中小学校点分布图

自2001年国家颁布《关于基础教育改革与发展的决定》以来，有计划、有步骤的农村学校布局调整工作陆续在全国范围内大规模地展开。三都水族自治县根据学生生源数量及各教学点的实际情况，进行中小学撤并整合，2013年，全县有小学186所，其中完小111所，九年制小学部学校6所，教学点69个，在校小学生35 358人。

三都水族自治县在狠抓小学教育的基础上，注意发展中等教育，努力提高少数民族的文化水平。1950年，只有1所三都中学，随着形势的发展，到1958年创办了1所林业中学和1所工业中学，并在佳荣、恒丰、九阡、周覃、水龙等地创办了9所农业中学。1960年，在周覃、丰乐增办了2所普通中学，这样，大批的小学毕业生有了继续升学的机会。这些新办的中学，在1961年经济困难时期，绝大部分都停办了，只保留了周覃初级中学。1965年，重新开办了3所农业中学和2所林业中学，"文化大革命"期间，这批学校又经历了一番波折。直到1970年，创办了7所初级中学。1974年到1976年，又在33所小学中附设了69个初中班，完全中学由原来的2所增为7所。

20世纪80年代，对中学教育采取了并、转、停的措施，确保了小学教育，巩固和稳定了中等教育。1983年，全县中等学校在校生达4 858人，教职工374人。1989年年底，全县有民族师范学校1所，中学4所。

2014年，三都县有独立初中14所，普通高中2所（即三都县民族中学和三都县第二中学），职业高中1所，在校初中生16 495人，高中生6 281人，其中职业高中学生1 230人。

> **知识链接**
>
> **三都民族中学**　三都水族自治县的一所完全中学，创建于1942年6月，其前身是三都造纸初级实用职业技术学校，1948年更名为贵州省立三都中学，1958年建立完中，改称贵州省三都民族中学。1980年经贵州省人民政府确定为首批办好的省属重点中学之一，命名为贵州省三都民族中学，2001年6月被教育部列为寄宿制中学。
>
> **三都水族自治县第二中学**　在黔南州三都民族师范学校基础上建立。该校创建于1960年9月，起初命名为三都水族自治县初级师范学校，1980年7月更名为黔南布依族苗族自治州三都民族师范学校。1987年省人民政府将其列为优先重点发展的八所民族师范学校之一，为适应全县教育发展的需要，三都县人民政府于2005年6月通过了保留黔南州三都民族师范学校建制，将三都高级中学部分与县第二中学进行教育资源整合，建立起一所新的大型完中——三都水族自治县第二中学。

为了改变初中学校办学不足的现象，三都县投入5 000万元，新建县第三中学，办学规模3 600人，2013年9月学校开始招生。

## 职业教育及业余教育

开展业余教育，使劳动人民摆脱文盲状态，并不断提高文化水平，是文明建设的一项重大任务。20世纪50年代初，掀起扫盲热潮，创办了许多识字班和夜校，推广了"速成识字法"，使一大批青壮年脱掉了文盲的帽子。以后又通过夜校，培养了农村记工员、会计员和初级卫生人员。到1982年，全县建立了156所夜校，学员4 257人。当年验收了53所，脱盲598人。为了适应脱盲农民对文化的需求，有的夜校续办了小学班，并涌现了一批先进夜校。职工的业余教育，全县各行业都举办了各种类型的文化补习班和轮训班、培训班，以提高各行各业职工的文化水平和专业技术水平，并收到了一定的效果。

　　进入新世纪，职业技术教育促进了地方经济的发展。1999年9月，将原县民族职业技术学校、县卫校、农广校、中华会计函授学校三都分校、县就业培训中心、农科所等六家单位合并组建成三都水族自治县民族职业教育中心，为融合初等职业教育、中等职业教育、成人高等教育和各种职业培训于一体的多功能综合性办学机构，担负着为全县经济社会发展培养初、中级应用型技术人才、高素质劳动者和各类具有专业技能的人才，以及为城乡新增劳动力、下岗失业人员、在职人员、农村劳动力和其他社会成员提供多形式、多层次的职业培训的任务。

三都水族自治县民族职业教育中心

## 希望工程

　　十一届三中全会以后，尤其是西部大开发以来，在中央、省、州的关心支持下，三都县委、县人民政府始终把教育摆在优先发展的战略地位，制定了"科教兴县"的发展战略。在建设希望学校时，还得到了深圳人民及境内外友好人士的无私援助。

1995年7月28日，深圳市属企业工委近百家企业，40余万员工积极响应深圳市委、市政府关于"全国支持特区，深圳特区服务全国"和"先富带动后富，走共同富裕道路"的号召，向三都水族自治县慷慨解囊，捐赠1 330万元助教助学，其中1 030万元用于兴建21个希望工程项目，300万元作教育发展基金。深圳人民开启了援助三都希望工程的序幕。从1995年至今，仅深圳就已先后援助自治县28所中小学，对教育基础设施建设投资累计就达1 864.5万元，新建校舍面积3.6万多平方米，极大地改善了中小学校的办学条件；捐献电脑、彩电、音响数十台（套），图书7 200册；先后有北京、香港、上海、深圳等单位和个人，救助全县21个乡镇一百多所学校的特困生，累计援助总金额达144.79万元，受救助学生达7 195人次；深圳大学和部分中小学为自治县培训师资达100人次以上；从2002年起，深圳大学每年为三都免费培养3名大学生（定向委培生）；2005年，国家向三都贫困学生发放免费教科书经费217.7万元，共有21 183名中小学生得到救助。

在深圳人民的无私奉献下，1995年，中共三都水族自治县委员会、县人民政府在城东经济开发区划拨价值百万余元的土地，深圳方面投资198万元，于1997年建成了三都鹏城希望学校。在鹏城希

三都鹏城希望学校

望学校的校门口不远处修建了两座长亭，命名为"感恩亭"，感恩亭内外两侧的墙壁上都镌刻了近些年来所有资助学校、促进学校发展的单位、集体和个人，号召同学们努力学习，回报社会。

# 民间医药

水族是一个笃信神灵的民族，认为神灵主宰了一切，凡遇事必先求助于鬼神。水族医药的起源，也不可避免地染上了医巫的色彩，"医巫一家，神药两解"。在甲骨文出土之前39年的咸丰十年（1860），西南大儒莫友芝先生在《红崖古刻歌》中论述到《水书》提及，"吾独山土著有水家一种，其师师相传，有医、历二书"。水族有供奉医药师祖"六一药公"的习俗。

> **知识链接** **"六一药公"** 水语称为lyogdozhaz"六夺哈、陆铎哈"，属于水书祖师的一个分支，是古代巫医结合的遗韵。

由于受历史因素及地理环境的制约，水族医药长期流传在民间，而"传内不传外"，师带徒式的传授方法，也制约了水族医药的发展。对于疾病，一般情况下，都采用先治疗、后巫术的方法。或在民间治疗，或上医院治疗，对于久病不治的病人则需要通过巫术来"解"。"解"当然对某些病人来说，从精神层面有一定效果。以前由于人们的生活水平不高，通过"解"不仅可以改善饮食，增强营养，从另一个方面来说也符合古人"病则饮酒食肉"的疾病疗法。

水族人民在与疾病做斗争的长期医疗实践中，获取了丰富的医疗经验，逐步形成了适应自身特点的，具有民族特色的水族医药。专以行医为职业的人并不多见，人们往往根据病人的症状，结合个人经验，去寻找所需要的草药，问病发药是水医主要的行医方式。

水族神药两解的——"解"活动

## 疾病诊断

在长期的临症实践中，水族医药逐步形成一套行之有效的诊断疾病的方法，在诊病方法上相对比较齐全。

**望诊**　根据病变部位的表现来诊断疾病。如对飞疗的诊断，就是根据局部皮肤的颜色来加以诊断治疗的。如患处皮肤为红色诊为红疗，患处皮肤为白色诊为白疗，患处皮肤为黑色则诊为黑疗，用药各不相同。又如长在背部的痈疗，已化脓的诊为背花，不化脓的疗肿诊为背搭，用药各异。如被毒蛇咬伤则要看伤口的痕迹，如伤痕为横的，诊断为母蛇咬伤，主药用白色；若伤痕为直行的，诊断为公蛇咬伤，药选用非白色的。

**问诊**　水族医生看病主要为问诊，问疾病的主要症状，得病时间的长短，患病的原因，病变部位及是新病还是老病复发等。诊断往往一经明确即对症下药。

**触诊**　主要用于外科疾病。触摸包块：以包块质地的软硬及包块的形状来判断疾病。如对肚痈与肚花的诊断，认为二病均好发于肚脐下，肚痈为质地稍硬的圆棋状，肚花是长形的。诊断明确以后，用药亦各不相同。

**骨折**　用触诊方法判断骨折的部位及病情的轻重，并用手法进行复位、固定，然后才进行下一步的治疗。

**听诊**　诊断方法之一。如对癫痫病人，水医主要根据病人昏倒时发出的声音来诊断；对骨折病人，也结合有无骨擦音来确诊。

> **知识链接**　**水医特有的诊疾方法——弹诊**　常用于四肢骨折，为水医诊断骨折时所特有的诊断方法。医者用手指弹叩相对应的手指或足趾，骨折病人会产生牵扯性疼痛。

## 疾病治疗

对疾病的治疗，基本疗法主要有：内服药物、外用药物疗法、刮痧疗法、拔火罐等。

**内服药物**　主要通过对药物的水煮、酒泡、研粉等以达到治疗的目的。

水煎法：治疗常见于内科疾病，药物多鲜用。

药物加工 ▶

酒泡：药物捶烂或切片加入酒中浸泡，时间长短不一，有的当即可用，有的则需数天或半月，药酒常用来治疗风湿性关节炎、跌打损伤及妇科疾病等，内服外用均有。

烧灰：将药物用火烧存性，用酒送服，常用来治疗妇女崩漏、绝育等症。

研粉：将药物烘干研成粉，常用来急救。如取老杉树上长的菌子，焙干研成粉，可用来治疗刀伤止血；取爬墙蜘蛛去脚，焙干研成粉，治胎死腹中，三个月以内者，效果好。

药物与鸡、鱼、肉同煮：这种疗法多用来治疗慢性疾病或病后体虚等症及催奶。

**外用药物疗法**　主要用于外科疾病的治疗，可内病外治，能起到提高疗效的作用。

草药外敷法：取鲜草药捣烂（常加酒）敷患处，此法常用于外科疾病的治疗，如痈疖、骨折、损伤、毒蛇及蜈蚣咬伤、刀伤、炭疽、拔子弹等。

酒磨：将药用酒磨外搽患处，治疮疡、九子疡、乳腺炎、腮腺炎、牙痛等。

发泡疗法：将药捶烂外包使局部起泡，治疗风湿病引起的瘫痪、黄疸等。

塞鼻孔：将药捶烂塞鼻孔，治疗眼科疾病及鼻出血等。

火煨：将药捶烂包好，置子母灰中煨热包患处，可促进人体对药物的吸收，达到提高疗效的目的。如治疗巴骨癀，采用广姜火煨包患处，三次可愈。

熨法：麻疹出不齐，将药炒后用布包好，趁热熨擦全身，使疹快出。

药饼：诸药混合捶烂，做成饼状贴肚脐、手足心、头顶百会穴，治疗难产、脱肛、退热等。

药物洗浴：药物煎汤洗澡，治疗皮肤病或退热。

菜油调敷：主药研末或烧灰加入菜油调敷患处，主要治疗水火烫伤、痔疮、白癜风。

针刺疗法：过去用碎玻璃，现在用针刺局部出血，治疗眉毛风等。

小夹板固定法：治疗骨折时常根据骨折的具体情况，用杉木皮、竹片或五倍子树皮，制成2厘米宽，0.5厘米厚，长短及数目视骨折部位而定，做成小夹板固定好，然后再在外面敷药，治疗骨折有很好的疗效。

治痧疗法：水族人除了外伤外，往往生病都认为是得了痧症，水语叫 xenl sac，意思是成痧。对痧症有自己的治疗方法。水族的治痧疗法历史悠久，一般简单的扭痧，水族村寨几乎人人都会。稍微具有专业知识的，每个村也有一两个，因此显得比较普及、普遍。工具简单，主要针对感冒头痛、中暑、瘀血、胸闷、急性肠胃炎、腹胀、积食、四肢疼痛、头痛、颈部僵直酸痛等病症。治痧疗法主要有：拔毛法、刮痧法、钳痧法、挑痧法、拍痧法、熨痧法、通气法、放血法、抓拿提拉法、火罐拔罐法、热酒擦拭法和内服辅助法等。

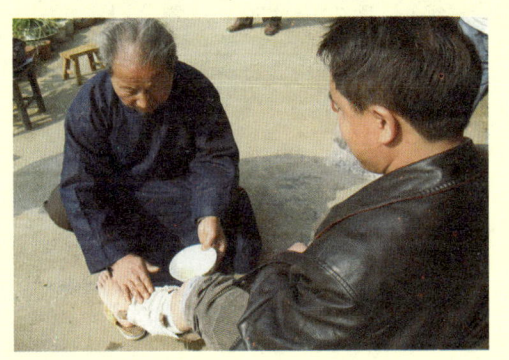

水族接骨治疗

> **知识链接**
>
> **拔毛法** 检查头部、寻找发根下有红点的头发及胸部直立的毫毛，将其拔去，如果发现较多，拔最顶上的5~7根。
>
> **通气法** 对痧症病人出现出气、吸气困难，可和药末吹入鼻腔，可诱发取嚏，通气急救。

## 常用药物

据调查，以三都为中心的水族聚居地区药物品种在千种以上，约占贵州省药物资源的四分之一（全省约4 024种），约占全国的五分之一（全国约4 656种）。水族民间医学常用药物有百余种，多为鲜用、生用，或根或茎或叶或全株，除有毒药物之外，很少加工，常直接采用入药，且用药范围广泛，除植物药、动物

各类水药 ▶

《中国水族医药宝典》书影 ▶

药、矿物药外，其他如生活中食用的韭菜、蟹、鱼、蛋、小鸡仔也常入药，另外尿液、人发、耳屎、蚂蚁窝、燕子窝等也是一些疾病的良药。

珍稀名贵品种：麝香、獭肝、熊胆、鳖甲、灵芝、八角莲、红八角莲、杜仲、虎骨、穿山甲、黄草、白花蛇舌草、一支箭、银杏、牛黄、灵猫、九香虫、竹节人参等。

大宗药材：何首乌、五倍子、草乌、银花、黄精、鱼腥草、夜交藤、大血藤、车前草、蒲公英、墨旱莲、益母草等数十种。

栽培品种：南板兰、菊花、半夏、桔梗、棕榈、杜仲、银花等数十种。

**知识链接** 《中国水族医药宝典》2007年中共三都水族自治县委员会、三都水族自治县人民政府和贵州省民族事务委员会编撰的《中国水族医药宝典》由贵州民族出版社出版，该书通过系统的筛选和科学鉴定，收集了1 068种水族药物，1 068种药物全部使用彩色图片，并标上药物名称、水语国际音标、异名、来源、药物形态、生长习性、性味、功用、主治、用法、用量和采集地点等说明文字，展示了水族医药的宏大篇章，对推动水族医药事业的发展产生了积极的作用。

在日常生活中，水族医药的应用相当广泛，一般病症都可以使用水族民间草药药方加以治疗。随着医药卫生和医疗水平的逐步发展，人们也渐渐到当地医院就诊，但民间医药对人们的健康仍然起着重要的守卫作用。

## 水族地区的医疗卫生事业

新中国成立后，水族聚居区三都水族自治县的医疗卫生工作坚持"预防为主，面向人民，团结中西医"的方针，除了抓好医疗工作之外，还通过各种渠道向人民群众宣传卫生防病知识，动员群众，破除迷信，讲究卫生，减少疾病，提高健康水平。同时，政府还培养了大批的医疗技术人员，拨出专款建立各级医疗机构并购置医疗器械等设备。经过不断的努力，消灭了天花、霍乱、斑疹、伤寒和回归热，基本上消灭了丝虫病、脊髓灰质炎和麻风病，有效地控制了疟疾的发病率，使常见病、多发病大都得到了有效的治疗。同时还集中免费治疗妇女的尿瘘、子宫脱垂等疾病，充分利用国家的"降消"项目对农村的贫困孕产妇实行住院分娩补助，有效降低了孕产妇和婴儿的死亡率。

几十年来，先后建立了三都水族自治县人民医院、县疾病预防控制中心、县妇幼保健所、县卫生监督所、县红十字会、县爱国卫生运动委员会办公室、县新型农村合作医疗管理办公室以及乡镇卫生院和村卫生室、乡镇疾控基妇站和三合镇社区卫生服务中心等相关医疗机构，并逐年得到发展。

截至2011年年底，全县有医疗机构139个，其中综合医院（人民医院）1个，社区卫生服务站1个，乡镇卫生院20个，诊所5个，妇幼保健站1个，疾病预防控制中心（防疫站）1个，卫生监督所（中心）1个，村卫生室109个，床位数488张，卫生技术人员615人，其中职业（助理）医师70人，职业医师115人，注册护士75人，药师（士）24人，技师（士）6人，检验师7人，其他技术人员300人，管理人员3人，工勤人员9人。

# 民间体育

水族民间体育活动历史久远，内容丰富。追溯起来，它们或许起源于先民的渔猎与采集，或许起源于早期的迁徙与争战，又或许起源于原始的体能训练以及由此而派生的舞蹈、

中国西部赛马城

端节赛马

斗牛比赛

端节赛马邀请赛

竞技、游戏等，还可能起源于精神性的祭祀仪式等等。同时，兄弟民族的体育活动也不断地渗透到水族人民中，给百姓带来新的体验。水族民间体育种类丰富，形态多样。

传统的水族民间体育项目主要包括赛马、打猎、游泳、踩高跷、摔跤、打手毽、斗牛等；杂技项目有舞龙、舞狮、人梯、跳桌马、耍钢碳等；儿童项目有赛跑、打老鼠、扳手劲儿、扳扁担、骑竹马等；棋类有棋广、棋塔、挑棋、棋三等。

这些体育活动并没有专门的活动场所，只要有空旷的平地，有足够的空间就可以进行。不过，随着社会的发展，水族地方也建成了不少专用体育场馆。如今，篮球、足球、羽毛球等球类，赛跑等田径项目也逐渐普及。

水族民间赛马活动除了水族传统年节——端节必须举行之外，平时也偶尔举办赛马活动。2005年8月，向国家工商行政管理总局商标局申报并成功注册"中国西部赛马城"，并获得了

"中国赛马之乡"的荣誉称号,成功举行了多届全国赛马邀请赛等各种大型体育比赛活动。

水族棋艺是水族民间茶余饭后大家聚集自我娱乐、陶冶情操的一种健康活动,广泛流传于水族地区,具有悠久的历史,是水族人民非常喜爱的一种业余体育活动。分别有棋三、棋达、棋塔或挑棋、棋灌、棋广五种棋类。

**棋三** 水语 qixsaanc,三个棋子连成一线。

下法:棋子分为两色,二人对弈。任意一个人先放棋子,对手跟随下。当一方把三颗棋子组成三点一线时,就在对方的任意一个棋子上做个记号(水话意为"敲"),等到双方把棋布满棋盘时就相互取掉做过记号的棋子,然后由棋盘上剩下的棋子再组成三点一线,每当组成一次三点一线就取消对方任意一颗棋子,最后以棋子全部被吃一方为败。"棋三"下法变化多端,是成年人喜好的竞技项目。

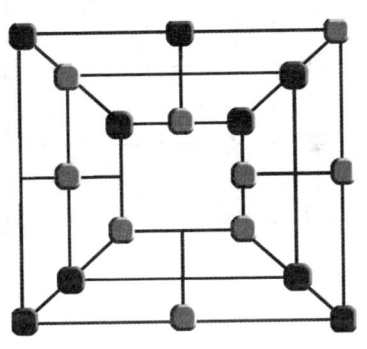
◀ 棋三

**棋达** 水语 qixdaab,"达"是踢的意思,两个踢一个的意思。

下法:棋子分为两色,二人对弈。每人六颗棋子,先把棋子放好,然后任意一方先下。当一方的一颗棋子孤立(其后面无续连棋子),则对方两颗棋子之一及时移动至连一线且中间无空当就可以吃掉(踢掉)对方的棋子,直到一方没有棋子为输。

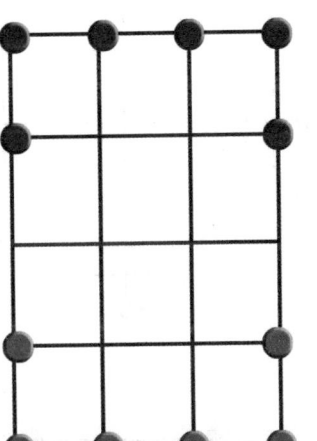
◀ 棋达

**棋塔或挑棋** 棋塔,水语qixdaab;挑棋,水语qixdaabs。

下法:棋子分为两色,二人对弈。每人七颗棋子,先把棋子放好,然后任意一方先下,可分为"挑""抬"两种。"挑"是一棋子挑两颗或四颗棋子;"抬"是两颗抬一颗棋子。当对方

棋塔 ▶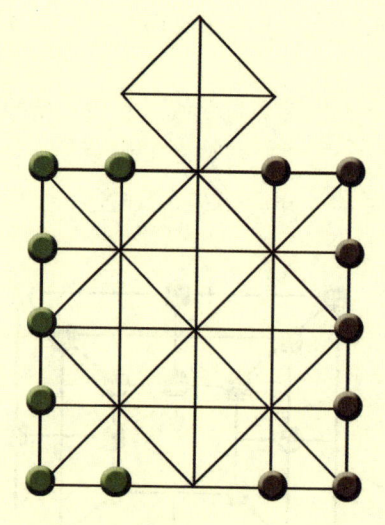

的一颗棋子空当时而自己又能及时移动一颗子组成三点一线（意为抬），这时就可以取消对方的这颗棋子，然后补上自己的棋子，对方两颗或四颗棋子在一条直线上，中间空当时就及时移动棋子到最中间位置（意为挑），这时就可以取消对方棋子补上自己的棋子，挑时要特别注意不要边挑带抬完对方的棋时也算输。此棋变化多端，是休闲娱乐、陶冶情操的理想竞技项目。

棋灌 ▶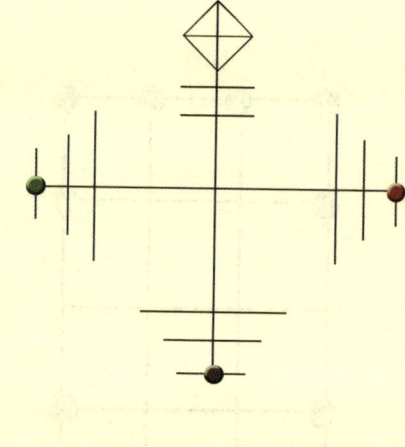

**棋灌** 水语 qixguans，意思是看看谁先走到目的地的棋。

下法：棋子分为三色，三人对弈。三人划飘，即手心手背定输赢，或者议定一种方式定输赢，赢者就上一步，依此类推。要是在途中被后者碰上就返回原位。先到菱形的尖端为赢。这种棋可以多个人一起玩儿，也可以两个人玩儿，只要图形略作变换即可。此棋乐趣无穷，是少年儿童喜好的竞技项目。

棋广 ▶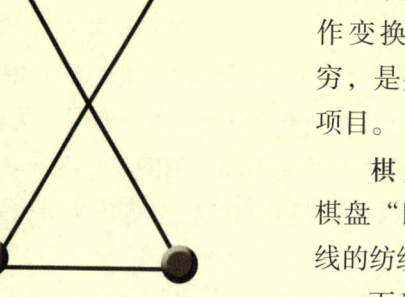

**棋广** 水语 qixgwangs，棋盘"区"像妇女用于理棉线的纺织器具线框，故名。

下法：棋子分为两色，

二人对弈。先下者必从里边的棋子往外走，后者跟，相互关对方，无路可走者为输。此棋简单，是儿童喜好的竞技项目。

以上棋子不一定用两个颜色的，只要能够区分彼此的石头或木头即可。棋盘也很容易画出来，一般不用专门的场地，只要有适当的地方就可以一比高低，因此很受欢迎。

水族传统的体育活动并没有专门的活动场所，只要有空旷的平地，有足够的空间就可以进行。水族民间游戏有很多，都带有休闲体育的味道。又如：打陀螺、拉陀螺、打水枪、捉迷藏、转圈游戏、捉羊游戏等等。这些游戏，现在50岁以上的水族人都比较熟悉，因为他们小时候都是在这些游戏中逐步长大的，如今随着电视以及教育的普及，这些游戏逐步被其他消闲方式所取代。

# 第八章
# 文学与艺术

  水族的文化艺术丰富多彩,是我国文化遗产的重要组成部分。水族民间流传着多种形式的民歌、故事、传说、寓言等。民歌内容广泛,形式多样。人们善于用诗歌来表达自己的思想感情,有长篇叙事诗,也有即兴的短歌,反映的内容十分广泛,有对古代人类起源和民族迁徙的叙述,有对美好生活的向往和追求,也有对纯真爱情的热情赞颂。散文形式的故事传说和神话寓言,内容丰富,情节生动,具有浪漫主义色彩,既是宝贵的文学遗产,也是研究水族历史的珍贵资料。

卯坡水歌对唱

水族人民在漫长的历史发展进程中,不仅创造了民族的物质文明,而且也创造了民族的精神文明。水族丰富多彩的民间文学,就是水族精神文明的重要体现之一。

## 水族民歌

水族民歌是水族民间口头文学的主要组成部分。长期以来,水族人民以自己民族喜闻乐见的方式,经历了千百年的锤炼,创造了多种民歌形式,流传至今,已成为水族文化的象征,并融入了中华民族文化的绚丽花圃,成为其中的一枝奇葩。

水歌形式上没有固定的句数,短的两三句、五六句就是一首,长的几十句甚至几百句。传统的水歌句子多数是七言句,也有三言、四言、五言的。

句子的形式,七言句通常按前三后四分节,中间拖长音或稍作停顿,如系三、四、五言句,中间不分节。

> **知识链接** 水歌注重押韵，押韵方法有头韵、腹韵、脚韵三种，常常混合使用，所以有"无韵不成歌"之说。但在一首歌中经常换韵，很少有一韵到底的。多数以下一句的字（头腹脚均可）押上一句的末字（起韵），如：上句 huih duc pyaiz, nnaz bail nul mix（坐一起，你嫁了没有），下句 sail jius lix, bail ndyongc nul lyeuz（问朋友，嫁去了哪里），其中上句的 mix 为起韵字，下句的 lix 为押韵字，押韵韵母是 i。一首几十句、上百句的歌，可以换十几个甚至更多的韵。这一点与其他民族的押韵方法不同，这是水族民歌最有特色的地方，也是水歌长盛不衰的主要原因。用其他民族文字翻译之后的水歌歌词，很难做到内容与押韵的统一。

水族民歌按内容可以分为古歌、生产生活歌、风俗歌、情歌、叙说歌等多种。每一类歌还可分出相关的细目，如情歌可以分为见面歌、分别歌、青春歌、惜春歌、约会歌、想念歌、定婚歌、逃婚歌、离婚歌等等。

按形式，可分为单歌、双歌、蔸歌、调歌和诘歌五种。

## 单歌

一节为一首，取材广泛，可以一个人唱，也可以几个人合唱，即使对歌，每次也只需唱一首。例如《金锦鸡鸟》：

锦鸡鸟，站树梢头，好容易，飞到这里，竹林下，跟鸡寻食，眼明亮，叫声温柔，黄金毛，人人喜欢。

## 双歌

双歌是水族独特的一种歌谣形式。双歌可以分为两类：一是敬酒、祝贺、叙事的双歌；二是带有寓言性质、有说有唱、兼有简单表演的综合艺术型的双歌以及逐步演化为说唱结合的曲艺，简称为说唱结合双歌。

◀ 热闹的双歌演唱场景

双歌演唱场景

　　双歌以组为单位一唱一和，有歌前的说白和主体的吟唱两部分。

　　风俗歌的说白往往只有一句话，如："那里有这样的风物，人们这样歌唱"，或"我唱这样的歌来给大家听听"。如果是在席间吟唱互相感激赞美的歌，双方只在起歌前说："你别这么夸，听我唱两句。"寓言性的双歌说白就是一则短小的故事，概括性地介绍吟唱部分主要对象的主要活动。吟唱部分是双歌的主体，歌中每一节都从不同的角度或侧面来叙述这个故事。组成双歌的每一节，尽管内容有相对的独立性，但不能单独成篇，必须组合在一起，互相联系配搭，才能确切反映所要表述的内容。一组双歌，只有一次说白，安排在演唱之前。

　　唱双歌，多在热烈庄重的酒席间进行，所以又称酒歌。起歌时有伴唱，唱完每一节歌之后，周围的听众要跟着重复末句，加上"喂"或"哈喂"作为和声，烘托场面气氛。双歌演唱者要根据所讴歌的对象或需要回答的问题，随机触发选择相同、相近或相对的歌来唱，出歌的一方不能乱出，对答的一方不能乱对。要是答的一方对不上或对错了，就要罚一杯酒，然后由旁人或出歌者代续。

　　双歌是水族民歌中最具有地方色彩和民族特色的一种说唱形式。在荔波等地，双歌是男女对唱，双方都是两人，歌的内容一定要成双成对。比如出歌的一方唱的是《锦鸡与喜鹊》，对的一方就唱《兔子和山羊》。因为演唱者是双数,歌的内容也是双的,所以叫"双歌"。在有些地方,双歌不能男女对唱,只是男与男,女同女成双对唱。歌中吟唱的事物或人物必须成双。演唱双歌,在有的地方,老年人、青年人都可以,而在有的地方,只有青年才唱。演唱场合,有的多在酒席上,而有的则只是"开控"时才唱。

> **知识链接**　水族双歌：《野鸡和锦鸡》
>
> 　　说白：一天野鸡和锦鸡在山里相遇,野鸡夸奖锦鸡毛色美,尾巴长。锦鸡称赞野鸡聪明。好,听听它们说些什么。
>
> 　　野鸡：咱同类,你最高贵；骨头重,体大身肥。踩哪处,哪处成路。尾巴长,毛色美丽。初相会,我心爱慕,愿相陪,过此一生。我的锦鸡友喂！
>
> 　　锦鸡：听你讲,使我惭愧；讲漂亮,我怎比你。我愚蠢,叫声难听,哪比你,聪明伶俐。六月春,面红如醉,咯咯叫,令人着迷。人喂养,让我要你。我的野鸡友喂！

双歌,如《白鹤与乌鸦》：

　　说白：乌鸦遇见白鹤,想和它交朋友,但怕白鹤瞧不起它,乌鸦就唱了这首歌(出歌的一方唱)。

　　乌鸦唱：毛洁白,雪片一样。脚杆长,嘴鼻红亮。你白鹤,高贵非凡,谁见了,个个夸奖。我个儿,又矮又小,穿一身,黑

◀ 双歌歌手

色衣裳，想与你，交个朋友，只恐怕，太不般配。白鹤呀，你如不嫌，愿伴你，飞向远方。我的白鹤友喂！我的白鹤友喂！

白鹤唱：听你唱，我脸发红，你乌鸦，受人尊重。你和我，毛色不同，交朋友，最要心忠。你乐意，我没话说，有缘分，才会相逢。同飞行，遨游苍穹，结友伴，同上天宫。我的乌鸦友喂！我的乌鸦友喂！

水族双歌所演唱的内容，几乎涉及社会生活的方方面面，任何事情都可以编成双歌演唱。刘之侠、潘朝霖编的《水族双歌》（贵州人民出版社1997年版），对水族双歌进行了充分的记载和论述，有兴趣的读者不妨进一步研读。

## 苋歌

苋歌形式上跟双歌类似，开头也有说白，接着是吟唱，是主体部分。演唱苋歌，至少两人，可以更多，属于集体演唱一类，但唱的是一件事，唱的歌可以合成一组，像一苋丛生的庄稼，所以叫苋歌。

苋歌的结构分为说白和咏唱两个部分。说白类似小序、小引，是简述咏唱对象间的主要活动情况。咏唱是苋歌的主要部分，是咏唱者抒发情怀的歌唱。从苋歌反映的内容来看，虽然也有历史、风俗、风物、庆贺方面的内容，但是却偏重于爱情方面的题材。

苋歌演唱时，不拘环境地点，也没有起歌时的伴唱和结尾时的和声，这些都与双歌不同。

苋歌《苗家姑娘》：

说白：从前有个苗家姑娘来到水族寨子吹芦笙，寨里有一个水族青年喜欢上了这个姑娘，便请她去家里做客。到了家里，这个水族后生唱道：

姑娘哟，你家住哪？是不是，住在登达？你身上，佩戴

水族苋歌演唱

银饰，看得我，眼睛发花。看多遍，总看不够，希望你，来住我家。我们俩，尽情玩耍，想留你，多玩几天。不知你，是否愿意？姑娘你，心灵嘴巧，若不愿，也回句话。你的话，值钱千万，留句话，我也心甘。你要是，一句不说，会使我，痛苦悲伤。

姑娘唱：你不要，费劲夸赞，我的话，不值啥钱。我知你，很有名气。住塘州，名扬独山。在塘州，有个山其；在中和，有个阿斌。他两个，也很出名，但比你，还差几分。你家中，常有客人，并不差，我这样人。鸡鸭毛，各不相同；难撮合，配对成双。你我俩，悬殊太大，一起玩，惹人笑话。

小伙子唱：不是我，胡乱夸奖，你美丽，不比一般。你身上，五彩衣衫，花蝴蝶，也比不上。你走路，轻盈灵巧，像仙子，驾雾腾云。你脸庞，白润光亮，人见了，谁不动心？可叹我，空有虚名，到如今，也无情人。如不信，看我手腕，没手圈，两臂光光。你不肯，进我家门，要回家，山遥路远。这一去，山水相隔，要见面，定在哪年？从此我，日夜思念，白想你，泪眼汪汪。天天盼，寻你脚印，痴望着，你的去向。

> **知识链接** 水族苑歌《怨父母处事偏心》
>
> 说白：两姐妹回娘家省亲，不期在途中相遇而议及各自的婚姻家庭，父母贪钱财，把姐姐嫁给又跛又瞎的男子而抱恨终生。妹妹读书后自由恋爱结婚，父母还逼她要重金聘礼。两人越说越气，就唱起来。
>
> 姐姐唱：气愤多，妹听我说：还在小，父母就嫁。那时我，不能做主，嫁女儿，一言议定，来定亲，要猪百几。吃大酒，要几头猪，算酒钱，合几十吊。死狠抠，让那家穷，睁眼见，故意坑人。贪钱财，不管我苦，女婿矮，又跛又瞎。别提啦，肝肠快断，我伤心，想走绝路。碰到妹，数落父母，血和泪，淌成溪沟。这辈子，啥时才完，得像妹，那才幸福。
>
> 妹妹唱：现在好，说给姐听：小时候，就去读书，二十几，与人定情。我结婚，也合政策，父母骂，说我违命；要彩礼，银钱几百，我气多，当面说清。男和女，都是骨肉，对女孩，就不公平。是男崽，分得房屋，得牛马，田土山林，嫁姑娘，不盘嫁妆；反倒抠，赚取钱银；这次来，还带糖肉，父母改，我就孝敬。我有家，还算如意，姐成家，没有爱情。咱相遇，摆谈解恨，怨父母，处事偏心。咱记好，别害后代，让子女，幸福欢欣。
>
> 《怨父母处事偏心》反映的是姐妹俩对封建婚姻礼教的抨击、控诉和对自主婚姻的热切追求，对比强烈，具有鲜明的积极意义。

姑娘唱：朋友呵，你莫心伤，我不值，你这样想。在塘州，你最出色，受人敬，个个赞扬。听你说，还无手圈，可惜我，手圈不多。如想要，给你项圈，不知道，可合你戴？如合适，戴你身上，你和我，从此有情。别忘记，两家老人，要幸福，告诉他们。能得到，爹妈欢心，我们俩，永结同心。

《苗族姑娘》是一对一见钟情的苗族姑娘和水族青年的爱恋。由于取材于真人真事，加上彼此咏唱的情意绵绵，在水族地区广为流传。

## 调歌

调歌多在席间或调解场合念唱，形式短小精悍，句子数目不多，每首在五六句到20句左右。每个句子的长短不一，不讲究工整。调歌常常选取日常生活中逗趣的内容，编成短调来念唱，以达到戏谑、讽刺的作用。调歌有一人唱，也有两人对唱的，每首末了常有"啦——哈"，"嘹——哈"作为和声结尾。

水族调歌演唱场景

调歌，如《戽水歌》：
劳格劳，格佬昂了，嘹啊——嘹列。
张三哥，约李弟，到田边，一道戽水。张三哥，把水戽干，捞得了，一条大鱼。李四弟，戽水不干，不得鱼，怎达目的？人家戽得鱼，早已起身走，你又为什么，还停留这里？快戽啊快戽，捞条大鲤鱼。
劳格劳，格佬昂了，嘹啊——嘹列！
这是一首用生产劳动——戽水来比拟喝酒的歌。意思是大家都喝完了，你还没完没了。

## 诘歌

诘歌的"jaiz"（诘）是水语的音译，有辩理、论理的意思。

"诘俄亚"（或诘俄牙）是一种讲古说今，既有历史哲理内容，又有摆事实、讲道理意味的说唱文学。

诘歌有婚嫁诘、丧葬诘、评理断事诘三类。演唱常在酒席上进行。由德高望重的长者或是擅长此技的艺人来念唱。诘歌一般都比较长，由几十句到数百句不等，句式长短不一，通常是两人对念，也有一人念唱的。诘歌的结尾，常有几句吟唱的歌。

下面是婚嫁仪式上念的"诘俄亚"歌中的几个小段。

嫁方念：古酒才是亲家的酒，好酒才是客人的酒。今天是吉日良辰，今天利万物生长。今天才喝酒陪客，亲朋连好友来到。

彩虹出现在天上，是因为龙出了深潭。万花开遍了山原，是因为春天来临了。……

……我们的姑娘很笨，我们的女儿很傻。我们不会教，姑娘空长大，做不成家务事，绣不出五彩花。承蒙叔伯们不嫌弃，看得起才来做亲家。是不是这样呵，亲戚们哪？

娶方念：古老时，造下人烟，在发光的天边，在发亮的中天，在湛蓝的上穹，上开天堂，下开人间。

亲家啊！我们一家有姑娘，一家有后生；一家有铜鼓，一家有木鼓。铜鼓不放在口袋里藏，牛角号不放在衣兜里装。拿出来敲，取出来吹，声音响亮传四方，姑娘后生配成双。

摆好了筷子酒碗，放好了红线绿线，红线绿线作凭证，我们结亲永不变。你说是不是这样，亲家啊！

诘俄亚在句型结构上，突破了传统民歌二、四分节七言句的模式，根据表述内容的多少，可长可短，出现了不少的二言句、四言句、五言句、六言句，还出现了八言句、九言句。这对推动水族民间文学的发展具有重大的意义。

三都水族自治县政府已将水族单歌、苑歌、诘俄亚等列入了县级非物质文化遗产代表作保护名录，加大对水族民歌的宣传和推广工作力度，县文化行政主管部门派专人对民歌进行收集整理，不定期请民间老艺人到相关机构进行培训，虽然民歌生态环境已经改变，民歌的传承和发展出现了严重断层，但如果及时采取相应的补救措施，对水族水歌的传承逐步适应新时代的发展，使其在一定范围内具有生存的空间，还是大有裨益的。

# 民间故事

在水族地区，流传最广的神话传说要推《人类起源》《人龙雷虎争天下》和《太阳和月亮》等几个。

水族民间的口头文学，除了民歌以外，还有流传久远、内容丰富的各种故事传说。其中有的是关于天地日月、风雨雷电等自然现象和世间万事万物起源产生的神奇解释；有的是关于远祖创世、民族形成和播迁繁衍口口相传的历史渊源；有的是山川风物、民俗殊风的描述叙说；有的是扬善惩恶、讽喻规劝的道德准则；有的演说英雄，有的鞭挞坏人。忠贞的爱情故事永远讲不完，飞禽走兽、鱼龙昆虫的奇谈趣事，处处广为讲述。水族故事是水族人民日常生活中不可或缺的精神食粮，水族故事是水族社会亘古常新的全民财富。

水族故事按内容分，有神话传说、风物民俗、抗暴反霸、机智人物、男女爱情、花鸟寓意、哲理名言等多种。下面略作举

水族民间故事选《石马宝》书影

> **知识链接**　《人龙雷虎争天下》最古最古的时候，人、龙、雷公、老虎原是亲兄弟，生活在一起，住在一间屋子里。日子久了，一个想赶走一个，独占这所房子。终于有一天，四兄弟公开提出进行比赛，谁能把其他三个赶出屋子来，谁就是这个房子的主人。老虎抢先跑出门去，用爪子抓墙壁，用尾巴敲门框，啸声震天动地，三兄弟躲在屋里，一动不敢动，老虎施威完了，人、龙、雷公还是在房子里，老虎第一个输了。雷公嘲笑老虎无能，大声说："看我的！"它跳出门外，腾空而起，打起响雷，扯起火闪，震动房子，摇摇晃晃，刺得个个睁不开眼。雷公越使劲儿，其余三个越害怕，谁也不敢跑出屋门，雷公也失败了。雷公刚进屋，龙立刻冲出去，施展它的本事，霎时间，浓云密布，大雨倾盆，房子漏了，虎毛被雨水淋透，慌得老虎急忙钻进桌子下面，雷也慌了手脚，躲到墙角落里，人早就靠在墙边，一点儿也没有淋着。龙满心欢喜，以为其余三个早就吓坏了，结果一进门，个个都在，于是一下子就泄了气。最后轮到人了，他不慌不忙，跨出门去，抱了一捆又一捆柴火，堆在房子四周，接着拿两块火石，磨了又磨，擦了又擦，发出火花，点着了柴草，一时浓烟四起，大火烧着了房子，龙、老虎、雷熏得睁不开眼，烤得到处乱窜，最后，老虎钻进了山岭，龙一头扎进深潭，雷腾上了天空，才算保住了各自的命。人动手整修了房子，平平安安地住了下来，从此天下便成了人的世界。

例，以窥一斑。

　　风光秀丽的都柳江，是水族人民世代生息的摇篮。水族人民赞美自己的家乡是"凤凰羽毛一样美丽"的地方，这波光粼粼的都柳江是怎样来的？陡峭的山口为什么像钳子一样夹住奔腾的江水？原来有这样一个故事：

　　老祖宗们全都说不清离现在有多久了。那时，天上有一位火神妒忌人间安宁的生活，有一天，从火海子里扒出十二团火，搓成十二个滚圆的太阳，丢在最低一层的天上。于是草木枯焦了，石头熔成奇形怪状，人们喘不过气，睁不开眼。大家都来求英雄旺水救命，旺水找到仙王，仙王给了他十二支神箭。他一脚踏在月亮山上，一脚蹬着怒尤山顶，挽弓搭箭，对准一个个太阳射去，接连击碎十一个，化成无数大大小小的星星。人们又睁开了眼，森林从地里冒了出来，走兽飞鸟也一一苏醒过来，他们大声齐喊："旺水公呀，留下一个照亮吧，留下一个指路吧！"旺水点点头，抽回最后一支神箭，向岩缝里掷去，神箭嵌进石岩几丈深。不久，下了几场大雨，这条箭道就成了奔腾的都柳江，从此长流不息。

《水族民间故事》书影

端节联欢

水族的年节不尽统一，呈现出年节种类众多、批次繁杂、地域交错、时间不一的缤纷现象。端节是水族辞旧迎新、庆贺丰收、祭祀祖先、聚会亲友、预祝来年丰产的最大的年节。关于端节起源有两种传说。《端节的由来》叙述水族头领拱登（祖公）率众溯江而上，随之，大家就散居各地安家立户，并约定三年之后的水历年谷熟之际再相聚。三年之后，大家都骑着马，驮着丰收的谷物、瓜果来欢聚。由于当时共过一个端节，各地走访不便，便设定各地分批过节。为解决端节先后批次问题，拱登叫各地头人把手伸进鱼篓里抓鱼，按量依次排列。套头老大哥抓的鱼最重而过头批端，依次是拉佑、水婆、水潘、三洞、牛场，兰岭殿后关尾。所以节日歌有"同是水族，套头先吃，一样辛苦，兰岭关尾"之说。另外，还有一种传说，即有一天，民间有几弟兄去看望老祖公，老祖公高兴极了，亲自爬上草房顶上采摘大南瓜，准备招待大家共庆丰收。没承想，老祖公从房上摔下来死了，因此就以此为节，以作纪念。这便是端节祭祖、吃素、供瓜供鱼的由来。

水族民间流传着许多赞颂起义英雄的故事。最有名的是《简大王的故事》。清朝咸丰年间，水族农民领袖潘新简领导的起义是水族历史上规模最大、范围最广、时间最长的一次农民大起义。水族人民对潘新简极为崇敬，尊称他为"简大王"。流传的故事中有一则《智胜官兵》，叙述道：

一次，起义军在一座山头被强敌围困，粮尽援绝，简大王派人偷偷下山，摸了几条鱼和一把水草，再将山上仅有的几团糯米饭，和鱼、水草包成一团，丢给官兵，敌人以为山上水丰粮足，围困徒劳无益，只得悄悄撤兵。

以爱情为主线的故事，内容丰富多彩。有的是妖魔鬼怪用邪法破坏人间的美好姻缘；有的是嫌贫爱富的世俗观念拆散了恩爱的鸳鸯情侣；有的是穷苦青年彼此相爱，但无力婚配，只能把对爱情的憧憬寄托在神力上。《月亮山》《望郎榕》《樵夫与龙女》《登诺与阿柳》等故事，表现了水族青年男女对爱情的渴望和追求。

▲ 传说中的勇士战袍

在水族民间故事中，还有为数不少的有关动植物生活习性、体态特征等方面的内容。这是一些借助丰富的想象力而创作的短小精练、生动有趣的小故事，构思奇特而又包含一定的哲理，是人民大众观察日常生活中某类事物的特性加以分析、综合、推理、渲染的结果，是群众智慧的结晶。如《狗找朋友》的故事：

古时候，有一条狗因为孤单，出门去找朋友。先找到豺狗，豺狗要它管自己叫爹，一边大口啃着叼来的人肉，一边指使狗干这干那，还不给狗一点儿肉吃，最后还大骂一顿。狗生气了，离开了豺狗。它走呀走，又遇见了一只老虎，想和老虎交朋友，老虎要狗叫它"大王"，它答应了，但求老虎别吃掉它，老虎一听哈哈大笑，说："大人小孩到处都有，我再吃也吃不完，别担心会吃掉你。"狗不敢相信，偷偷逃走了。遇见了一个守庄稼地的穷小伙子，小伙子拿东西给它吃，答应跟它交朋友，狗很感激。晚上青年人不睡觉，守着庄稼，狗为了报答他，就主动守夜看庄稼。从此狗和人成了好朋友。

> **知识链接**　**《仙婆婆送角》的故事**　说的是从前水牛、黄牛和马都没有角。有一天，一位仙婆婆要送角给它们，但她只剩了两副角了，于是叫它们赛跑。马跑得最快，得了第一，黄牛第二，水牛身体笨重，最慢。赛毕，马放声长嘶，又高兴又骄傲，它以为可以稳得一副，水牛唉声叹气，肯定没福享受了。这时，婆婆开口了，她说："安角是为了对付敌人，保护自己，马跑得快，能逃过敌方，不必安角了。黄牛比水牛快，要一对短的就行了，水牛跑得最慢，给你这对长角，跟敌人斗。"因此，直到现在，马没有角，水牛和黄牛的角，长短不一样。

水族口头文学除歌谣、故事以外，还有一些由短句子组成的格言和谚语，言简意深，鲜明生动。如系对句，往往也讲究协韵合辙，朗朗上口。这是水族人民千百年来，从日常生活中总结出来的饱含哲理的至理名言。

格言和谚语从表现手法上分析，既有巧妙的比喻、借喻，也有一针见血的直白、明说，有婉转的旁敲侧击，也有大刀阔斧的快人快语，既有鲜明的民族特色，也不乏从其他民族特别是汉语中汲取来的雅谚俊语，堪称句句锦绣，美不胜收。例如："杀马吃肝"，意思是为了贪图眼前的小利，不惜杀鸡取卵。"上前踩盆，退后踩碗"，隐喻办事棘手，寸步难行。"水软水钻山，石硬石成灰"，告诉人们干什么只要有韧性和耐心，水可以滴穿山岩，如果只晓得硬拼，反而会粉身碎骨。"牛力在头前，马力在后腿"，牛拉犁前部使劲儿，马拉车后腿用力，借喻人各有所长，因人而异，不能要求一个样。更多的格言和谚语如：

吃睢水，成睢人。哪方的水，养那方青苔。

大牛斗角，小牛遭殃。

理倒三千，力倒一人。

针走得，线去得。人心若不正，墨线弹也歪。

人没有酒不说话，纺车无油难转旋。

菜无盐无滋味，斧无钢不锋利。

道路不走长草，亲戚不走生疏。

女无夫像没有顶的斗笠，男没妻像无缰绳的马匹。

# 民间歌舞

水族人民能歌善舞，流传至今的民间舞蹈比较有影响的有铜鼓舞、芦笙舞、斗角舞等几种。铜鼓舞历史最久，斗角舞影响最大。铜鼓是水族传统乐器，每逢喜庆节日都跳铜鼓舞助兴。水族民间乐器有锣、皮鼓、芦笙、胡琴、唢呐等。据说芦笙是水族向当地的苗族学的，但经过长期的发展，水族芦笙舞也具有自己的民族特色。

## 铜鼓舞

铜鼓舞源于古代祭典活动，它从祭坛演变为民间的日常舞蹈，据传已有几百年的历史。现在，水族在过端节、卯节、庆丰收，以及婚娶、丧葬期间，都要跳铜鼓舞。这种舞蹈把撒秧、栽秧、薅秧、打谷等大田耕作活动的种种动作融入其中，表演者随着鼓声的节奏，踏着雄壮的步伐，旋转起舞，鼓点从慢到快，从低沉到高昂，直到急密如雨，

铜鼓舞是一种充满力量的舞蹈

戛然而止，舞步也跟着由缓而急，由快而密，到马上收步，使观众既兴奋又愉悦。

## 芦笙舞

本是苗族舞蹈，水族很早就从苗族学来，所以直到现在，水族仍称芦笙为bus miul，即"苗族的乐管"，称芦笙舞为"苗族的舞蹈"。芦笙舞流传地区很广泛。表演时，一般是三男六女（1949年以前，水族芦笙舞没有妇女参加，需要时，男扮女装。而苗族芦笙舞则是男女一起合跳）。舞蹈开始，表演者两手掌心相向，平置于胸前，向左右交叉跳动，或蹲地左右摆头。头戴银角、银花，并插上五彩的雉尾，身着彩色的古装舞衣，男的前引，边吹边跳，女的随着芦笙的节律翩翩起舞。排头吹小芦笙者负责换调门，队形随调子的变换而异，跳完一圈，换一个调，每换新调子，都由小芦笙引吹，然后大中芦笙齐鸣，最后加入大筒。小笙音轻而脆，合奏响亮雄壮，节奏鲜明突出，气氛极吸引人。

## 斗角舞

又叫"斗牛舞"，相传远在明朝初年，水族祖先看到苗族有斗牛"吃牯藏"祭祖的场面，既热闹又隆重。水族因为穷，没有水牛，于是用竹篾编成斗笠，用木头削成水牛角的样子，安在斗笠顶端两侧，做成牛头，两人各拿一个，模仿牛相斗的架势，跳起了"斗角舞"。

斗角舞一般由五把芦笙、五支莽筒伴奏。吹芦笙者边奏边

◀ 水族斗角舞

舞。由最小的一把芦笙领舞。舞蹈的唯一道具是竹篾制作的"牛头"，前部拴上鸡毛裙，后部披彩色绸布。两个拿"牛头"道具的舞者半蹲着身子，随着芦笙的曲调声旋转起舞，另有五个男扮女的"姑娘"，头上戴着用三根白鸡毛、一根野鸡毛和竹篾编成的帽子，腰里拴着有白鸡毛的花裙子伴舞。舞蹈动作幅度大，显示了水族人民粗犷奔放的性格。

## 弦鼓舞

弦鼓又称角鼓，是水族一种颇具特色的民间舞蹈艺术形式，水族不但有击鼓起舞的传统，而且还有击鼓迎战和击鼓庆贺的习俗。弦鼓舞，一般以弦鼓为主，铜鼓、芦笙为伴奏。多出现在水族传统端节和接亲嫁女、盖房建屋的仪式中。每逢节日和佳期，人们从不同村寨赶到聚会之地，聚会者在寨老洒酒祭祖祭鼓之后，不分本寨和外寨亲友，男女老少、人人都可以击鼓表演。

近年来，为提升三都的影响力和知名度，三都县委和县人民政府通过实施"民族文化塑县"战略，吹响了"水族文化推动旅游发展"的集结号。打造一台《远古走来的贵族》大型原生态水族舞蹈史诗歌舞剧，将水族数千年厚重的历史沉淀，以及独特而浓郁的水族民族风情，融入独特的艺术表现形式之中，使之成为一张强势宣传三都的文化名片，深受国内外观众的关注和欢迎。

节庆演奏铜鼓时，常用大皮鼓伴奏。大皮鼓用空心的大原木

水族弦鼓舞
▼

**知识链接** **水族民间乐器** 主要有铜鼓、大皮鼓、芦笙、胡琴、唢呐等,多在节庆与丧葬时使用。这些乐器中历史最久,影响最广,最具民族特色的要数铜鼓。铜鼓是古代"百越"文化的文明标志之一。云南境内和广西壮族地区是铜鼓文化主要的发源地,也是保存铜鼓最丰富的地下库房。贵州境内骆越后裔分布地区发现的铜鼓也不少。水族铜鼓就是这样流传下来的。铜鼓是一种比较贵重的打击乐器。演奏时,用绳索系住铜鼓的一耳或两耳,离地1尺左右悬吊起来,演奏者二人,一人右手执鼓槌弯腰敲击鼓面中心的太阳纹,左手执竹鞭敲打鼓腰作伴音,另一人双手用木桶,对着鼓腹一前一后地拍动,摇动空气,调节鼓的声音,使音按节奏要求,忽高忽低,时强时弱,增加演奏效果。另外,还需要有一人敲击木鼓,作为伴奏。水族铜鼓的演奏与其他民族铜鼓演奏的不仅人数不同,技法也不同。

◀ 铜鼓

削制成鼓身,蒙上牛皮,面径在1~1.5尺左右。

　　水族传统多在节日期间演奏铜鼓。另外,在丧葬或祭祀时也有敲击铜鼓的。

　　水族地区过去曾称为铜鼓王国。每个村寨有四分之一到五分之一的人家藏有铜鼓。廷牌乡附近几个二十来户的村寨,每个寨藏有6~8面铜鼓,九阡地区的水各大寨三十来户人家就有13面铜

鼓。据估计,仅三都水族自治县,以前曾保存铜鼓300多面。由此可见,铜鼓在水族民间流传之广,数量之多。

在水族人民的心目中,铜鼓既是一种乐器,也是权势和财富的象征。它那强烈的节奏感,清脆圆润的金属声,祭祖时使人缅怀追思,产生庄严隆重的气氛;在歌舞场上,使人精神振奋,产生激动人心的气氛。但是铜鼓又不仅是一种乐器,水族人还把它看作民族精神的象征和祖传珍宝。发展至近代,铜鼓已成了权势和财富的标志。失去铜鼓是对祖先的不敬,丢掉铜鼓是丢掉家业的精华,夺去铜鼓是夺去欢乐与幸福。

"敲鼓过端好赛马,敲鼓过卯好唱歌",敲起了铜鼓在端坡上扬鞭跃马,打响了铜鼓在卯坡上昼夜对唱,以铜鼓为核心的水族传统文化是我们伟大祖国文明宝库中的不朽瑰宝。

### 现代歌舞艺术

**《从远古走来的贵族》歌舞剧** 林明璋先生编写的《从远古走来的贵族》剧本,首演于2009年9月18日,是贵州省黔南布依族苗族自治州三都水族自治县编排的一出反映水族历史和文化的大型歌舞艺术剧,被冠以"大型原生态水族文化歌舞史诗画卷",更被赋予"一张强势宣传三都的文化名片"。该剧参加了黔南州庆祝新中国成立60周年的文艺调演活动和上海奉贤区的文化艺术节。

◀ 《从远古走来的贵族》歌舞剧

**《水书表情》音乐诗歌舞** 荔波县的水族人口占该县总人口的四分之一，具有很好的水族文化传统，该县结合音乐、诗的意象和歌舞等表现形式的《水书表情》是水族文化宣传的一个亮点，该剧的推出为宣传水族的传统文化——水书起到了积极的宣传作用，为人们了解水族文化增加了一个新的途径。经过数年的不懈努力，荔波县征集水书近1.3万册，有两批水书入选国家珍贵古籍名录，出版《水书·泐金》等水书译注本，举办大型的水书展览。

《水书表情》的打造，是荔波县彰显民族文化、推进荔波旅游文化的力作。《水书表情》分为祖先、水书、家园三章。在演出过程中始终如一贯彻创意，在打造绚丽表演的过程中，遵守了民族自身的文化立场和朴素信仰，把一场荔波人辛勤劳动的画面展示给现代社会。

**《水歌大地》水上实景歌舞** 在黔南州第三届旅游发展大会暨中国水族文化节的开幕典礼上，由三都水族自治县组织的一场大型水上实景演出《水歌大地》将三都水族自治县县城港监码头弄得热闹非凡。这是一场令人赏心悦目的充分体现水族文化的水上集体表演，让人难以忘怀。

《水歌大地》

# 第九章
## 走进水族聚居地

　　过去贵州的第一辆汽车经三都水族自治县都柳江的月亮码头运到贵阳,如今贵州的第一条高铁在水族地方穿行而过。变化之大,不能言表。让我们走进水族聚居地,感受水族地方丰富多样的自然文化遗产,并亲身体验水族文化的独特魅力吧。

# 水族民俗村

水族聚居的集中地,西从独山县的翁台起,东至榕江县的高兴古依村等处止,约在东经107°40′~108°20′之间;南从荔波县的永康起,北至三都的鸡场止,约在北纬25°20′~26°10′之间。三都、荔波等地海拔在500~1000米之间,沿河一带则在500米以下。地区位置近亚热带,高地与洼地,山区与平坝,气候变化迅速,相差悬殊。最冷时为1℃左右,最热时为35℃左右,年平均温度为17.73℃。高山与平地温差极大,隆冬季节,山上白雪晶莹,而平地多年见不到雪花飞舞。这里有山有水,气候宜人,空气清新,这是繁华都市无法企及的,也是长期生活在都市的人们无法感受到的,放下手中的一切工作,去感受大自然的美景,去呼吸那里的新鲜空气,去体验水族文化的悠久历史,你的生活将更加美好。

隐于密林中的水族人家 ▶

三都县、荔波县、榕江县、从江县、雷山县等的部分乡镇,森林覆盖率在60%~80%之间。在世界自然遗产地的荔波,其东南总面积约为19 639.1公顷的茂兰喀斯特原始森林保护区里,森林覆盖率达97.56%。林区内多种珍稀植物丛生,仅已经鉴定的植物就有148科，408属，801种。林区内生长的荔波山橙、荔波球兰、石山木莲、荔波桑、网脉楠等树种为区内独有，南方红豆杉、香果树、福建柏、篦子三尖杉、黄枝油杉、杜仲等是国家一、二类保护树种。林区内不仅野生植物资源丰富，而且野生动物资源也很丰富。

◀ 依山傍水的水族村寨

水族聚居地的都柳江和龙江一带，到处是丽山秀水，多彩多姿。栖息在这片土地上的水族人民，世代钟灵毓秀，勤劳聪慧。千百年来，水族父老乡亲洒热血，流汗水，浇灌了这片芳香故土，留下了不少名胜古迹，为后人瞻仰凭吊，低回留恋。

水族村寨，民风民俗古朴。近年水族地方旅游热逐渐兴起，人们对水族文化旅游热度开始升温，从2004年"中国贵州三都水族端节"到2005年的"中国水族卯文化风情之旅"，从2007年的"三都水族自治县成立50周年大庆"到2008年的"酒赞奥运"，从2009年的"名家相约，神秘之旅"，再到2010年的"黔南州第三届旅游产业发展大会暨中国水族文化旅游节"在三都隆重召开，三都逐渐成为人们向往的地方，民族文化旅游成为地方经济新的增长点。

## 巴茅水族民俗村

巴茅水族民俗村在三都水族自治县三合镇牛场村境内，巴茅是水语qbaanc qmaus的音译，意思是小山坡上的寨子，该寨距县城6千米,是一座始建于明清时期的水族自然村寨。至今寨中依然保持着写水书、说水语、着水族服装的古朴民风,是水族文化的一个缩影。有78户人家的巴茅古寨依山而建,木楼鳞次栉比。寨前阡陌纵横,十里稻香,碧水河滩,水牛嬉戏,骏马悠闲。寨中古墓林立,碑刻层梁随处可见,精雕花纹与象形水书一起,承载了水族悠久的文化历史。而水族独特的祭祖仪式,也为巴茅古寨三百余年的历史增添了一抹神秘。此外,祭祖仪式前的水寨水歌迎宾,铜鼓斗角舞,祭祖仪式后的赛马大会,都成为巴茅古寨端节必备的节日项目。

## 板告水族民俗村

板告水族民俗村位于三都水族自治县三洞乡板告村,距县城32千米,距三荔公路3千米。全村辖8个自然寨,9个村民小组,335户,1 596人,水族人口占99.9%。耕地面积1 044.98亩,其中田893.13亩,地151.85亩。种植业主要以水稻为主,经济收入主要来源于马尾绣、牛角雕。

板告村有巧夺天工的牛角雕,牛角雕是用牛角作为材料,经过能工巧匠的精心创意和雕刻,各种图案活灵活现,栩栩如生。

> **知识链接** **牛角雕** 采用水中牛角为雕刻的原料,在牛角上面雕刻具有水族民族特色的各种图案,比如:水书、花鸟草虫以及各种活灵活现的动物等。水族的牛角雕是水族民族工艺品,具有很高的收藏价值。

一直以来,村中水族女孩子从小就开始学编织马尾绣,创制图案,15岁时基本掌握了马尾绣的制作方法。马尾绣是由马尾和缠丝编织而成的,马尾绣图案在白色缠丝马尾围成的图案中点缀上别的彩色刺绣,图案简练而古朴,不失为贵州民间刺绣精品之一。2006年该村巧匠韦桃花在"多彩贵州"两赛一会中获"能工巧匠"特等奖。

2007年板告村成立了农民家庭民族陈列馆,搜集到世代遗留的水族马尾绣工艺品1 500件,牛角雕80套,水书3 000多册,水族银饰300件和铜鼓等。板告村办有水书培训班,每年开展培训活动至少四期以上。祭祖是水族人民文化生活的重要礼节,每逢端节,都要集中开展大型的祭祖仪式,以表示对天对地对祖宗的深刻缅怀。

板告村具有地理优势，环境优美，交通便利。每个自然寨均有绿树环绕，丛林间怪石嶙峋，枝繁叶茂，相互交叉，形成一道道天然屏障，身临其中，很难分清是阴雨天还是艳阳天。这里是游客到三洞乡旅游时必去的好地方。

## 怎雷民俗村

怎雷村位于三都水族自治县都江镇怎雷村，该村2001年6月被贵州省人民政府批准为水族文化保护村，也是建设部和文物局公布的中国历史文化名镇名村。距县城41千米，距镇政府所在地7.5千米，与都江古城垣隔排常河相望，坐落在半山腰上，海拔650米。怎雷村是水族聚居的典型村寨，是水族传统文化的集中代表。村寨建筑、环境、村民的生产生活习俗，具有传统文化的真实性、丰富性和完整性，传统文化特色十分突出。现有传统民居建筑200余栋，传统禾仓建筑111栋，规模较大，具有丰富多彩的非物质文化遗产和民族文物价值。收藏着厚重的水族、苗族文化，如吊脚木屋、水书、纺车织布机、石雕、马尾绣、蜡染以及铜鼓舞、古瓢舞、古乐等。该村民族文化独特和村寨自然生态保存得较为完整，具有丰富多彩的民族风情，独具特色的人文景观，2007年被确定为县新农村建设重点示范村，有二组苗族和三、四组水族专用表演场2个，100平方米的二组苗族斗牛场1

怎雷民俗村

个，2007年由县文体广播局建设的民族生态博物馆1个。怎雷村峰峦延绵，古树参天，梯田层层，云雾环绕，植被丰富，与民俗风情形成了一道亮丽的风景线。

# 都柳江风景名胜区

都柳江，明代时期称合江，清代改为都江，后与广西的柳江并称为都柳江。古代都柳江作为在滇黔内河航道与两广相通的水路运输占据极其重要的地位。都柳江属珠江流域西江水系，山岭对峙，水流湍急，河槽随山势曲折，深藏于高山之中。其间溪流瀑布、峡谷沙滩兼容，峰峦绵延，梯田层层，林海苍茫，云雾环

横跨都柳江的同心桥

绕，鸟语花香。不仅有丰富的历史文化，小溪摩崖、布仰摩崖、城乡义冢、都江古城垣、甲找水族石板墓、羊城福崖墓等文物古迹，还有背山临水的水族、苗族民俗文化，如水族跳铜鼓舞、斗角舞，苗族跳古瓢舞、芦笙舞等。都柳江风景融山、水、瀑，民俗文化，历史文化为一体，地方特色浓郁，水族文化得天独厚。从三都县城出发畅游都柳江，穿越茫茫百里林海，一路无限风光尽收眼底，令人惬意，不失为休闲度假的天上人间。目前三都县城内修建了六座跨江大桥，这六座大桥的修通不仅方便了都柳江两岸的人员来往，也为人们的休闲观光提供了交通上的便利。

## 姑鲁产蛋崖

距三都县城10千米处的姑鲁产蛋崖旅游景区，让人称奇的是，在姑鲁寨的后山，有一陡峭的山崖，崖壁上不规则地露出一颗颗青褐色的石头蛋。"石蛋"质地坚硬光滑，表面布满如树木断面年轮般的纹路。当地人称石头下蛋。最让人称奇的是，景区内的山崖会下石头蛋，至今村中保存着历代产下的石蛋68颗，巍巍崖石藏着千年之谜。

姑鲁产蛋崖旅游景区，风景秀丽，地质特征独特，景区内原生态水族村寨依山而建。"人楼居，梯而上"的干栏式建筑，展现了百年民居的古朴庄重；景区田园风光美不胜收，仿佛一处世外桃源，显得格外古朴神秘。当地水族群众写水书、说水语、着水装、唱水歌、跳水舞，世代传承着淳厚的民族习俗。

在"2010贵州十大影响力风景名胜区、十大魅力旅游景区、十大影响力乡镇、十大魅力乡镇（街道办事处）"评比活动中，三都水各·姑鲁产蛋崖旅游景区荣获"贵州十大魅力旅游景区"称号。同时，姑鲁产蛋崖景区也凭借独特的自然景观，成为三都首个荣膺国家AAA级景区的原生态景点。

## 坝丢营卡

坝丢营卡在三都水族自治县九阡镇的梅采寨后山，这里是清咸丰年间水族抗清起义的主要据点之一。

清咸丰五年（1855），梅采寨水族英雄潘新简不甘心受苛政统治，在太平天国革命运动的影响和推动下，揭竿起义，点燃了水族历史上规模最大、范围最广、历时最久的抗清斗争烈火。势力范围广及荔波全境和广西南丹一带，蓄发参加起义的达4万余人。九阡是起义军根据地的中心，在各要隘路口筑卡修工事。

坝丢营卡在梅采北面坝丢山，营卡由四道卡门组成，每道间隔远近不等，四道卡门之间总距离约达1 000米，至山下的距离约1 500米。卡墙依山势用毛石砌成，两端与山崖相接，高2.4米左右，卡墙上底宽约1米，下底宽约1.5米，卡门宽1.8米，墙身设有瞭望和射击孔。整座营卡，依山凭险，修得非常牢固结实，易守难攻。登临坝丢营卡，只见群峰逶迤，远山含黛，飒飒风声里草木摇曳,当年千军万马在鼓声号角里出击的雄姿仿佛犹在眼前。此地,现已列为省级文物保护单位。

## 仙人桥、雪花洞

仙人桥在三都水族自治县的塘州和三洞地区交界的雪花河上。仙人桥桥长约20米左右,宽6米许,高约10米。桥身呈南北走向,顺着山势,南高北低,形状像一条下垂的大象鼻子。桥面怪石嶙峋,桥拱下钟乳悬吊,桥脚是深潭。桥体似熔铸而成,浑厚雄伟。南端到伏流的溶洞口二三十米间,是一堵直立坡顶的绝壁。由于流水浪花的冲击,绝壁上被穿成大小不同、深浅不一的石洞,洞中景致奇特,有的像亭台楼阁,有的像罗汉满殿,有的像假山公园。石幔和钟乳石比比皆是,多而且奇。洞中流水叮咚,洞外绿草成茵,令人心旷神怡。从仙人桥下穿过的雪花洞水,倾入五十多米落差的岩溶洞中,伏流六七十米之后,从断崖的横裂缝中喷出,形成雪花瀑布。春夏之际,瀑布更为壮观,水声如雷,空谷回响,震耳欲聋。

仙人桥

仙人桥和雪花瀑布的形成,在水族民间流传着一个生动的故事。

相传仙女阿密在这里拴住蛟龙,拦河筑坝,引水为百姓灌田,但遭到蛟龙的好友冰雹粒的破坏,它用巨石一般的冰雹将坝脚砸烂,蛟龙仓皇穿山破壁逃命,河水因之流淌,形成了雪花瀑布,残存的坝面成了雄伟的仙人桥。

## 石棺墓和石棺墓群

在三都水族自治县、荔波县和独山县等水族聚居的地区,石棺墓相当普遍。其中尤以荔波县水浦村的水浦石棺墓群和三都水族自治县水龙乡引朗寨两处的石棺墓最为著名。

水浦石棺墓群建于明朝末年，墓葬独特，造型别致，古朴典雅。墓葬全部用青石板砌成长方形，分上、中、下三层结构。顶层石凿有双龙闹云、鸳鸯戏水、麒麟怪兽，形态逼真，栩栩如生。四周石板上雕刻着阴阳八卦、人物画像、铜鼓鼓面纹饰、飞禽走兽、奇花异草等图案。

引朗石棺墓位于贵州三都水族自治县水龙引朗寨后面。石棺是用整块石头打磨之后砌成长方形的墓匣。墓室分为三层：底层埋入泥土，用作安葬亡人；中、上层露出地表，高2.2米左右，用作存放殉葬的衣物、首饰等。大多数墓石的上、中层贴着石壁，石壁的外侧刻有狮、龙、牛、羊和花草等图案。

◀ 石棺墓群

石棺墓系用整块大青石，打磨雕刻之后，砌成房屋形石匣，顺着山势排列在山坡上。墓室分三层（也有四层的），底层埋入土中，用来安葬死者，上、中层露出地面，高约2米多，用来存放殉葬的衣物、首饰、五谷之类。墓石的上中层贴着石壁，外侧立有石柱，上层每边2根，中层每边3根，石壁外侧刻有骑马作战图、牧牛图、人物出行图和麒麟、仙鹤、龙、凤、狮、象、牛、羊、花草等图案，均为浅浮雕。有的墓上层墓檐处还有一对石俑，石俑身着水族古代传统筒裙，佩戴项链、首饰，构图精巧，形态逼真，显示了水族精湛的石雕技艺。

石棺墓是研究水族古代民族文化、民风民俗和社会发展的重要文物。

### 水书崖石刻

水书摩崖位于三都水族自治县都江镇大坝村境内，距都江镇约5千米，距大坝村大坝寨1千米多。摩崖离地约7米，在约3平方米的崖面上镌刻有29个水族古文字。按照文物问世命名的常规，姑且称呼为"大坝水书摩崖"。水书摩崖石刻是指在天然崖面上镌刻水族文字的文化遗址。首例水书摩崖石刻的发现，是水书载体的重大突破，是水书文化研究的特大喜讯。贵州省三都水族自治县文物普查考古队2009年4月在县内发现首件古代水书摩崖石刻。有关专家认为，这是水书文化史料的重大突破，具有重要的研究价值。字符大小为10~15厘米见方不等，有"己巳寅卯酉申未癸"等记载历法的字符，笔画基本清晰可辨，镌刻年代不详，初步推测在清初叶至中叶。

水书崖石刻

**知识链接　小溪摩崖石刻**　位于三都水族自治县城东约8千米处都柳江右岸的悬崖上，刻有"山高水清"四个52厘米×46厘米见方的大字，笔力遒劲。这条摩崖长3.04米，宽1.08米，距地高4.6米。此摩崖为清雍正年间，独山州知州孙绍武奉命疏浚都柳江河道时所题书。

## 尧人山国家森林公园

尧人山位于贵州省三都水族自治县城东南约10千米，尧人山是水语nuz qjeus（怒尧）的音译，也写作"瑶人山"。对于外界来说尚属陌生，然而它却是三都人民心目中的神，是顶天立地的象征，是个广袤无边、扑朔迷离的地方。

尧人山国家森林公园，距县城11千米，总面积5 700余公顷，海拔最高度为1 400米，目前开发约占总面积的六分之一，

◀ 尧人山冬天远景

公园素有"百里林海""天然植物基因库"和"野生动物乐园"之称。公园内群峰延绵，幽谷叠翠，群瀑竞秀。山顶观日出、夕照，气象万千。山间古树参天，青翠欲流。森林中生长着香榧、桫椤、银杏、紫檀、红豆杉等430多个树种，自古以来栖息着虎、豹、熊、猴、鲵、白鹇、红腹锦鸡等37类珍稀野生动物。产蛋崖、风流草、月亮树、斗鱼等奇观增添了尧人山的神奇色彩。同时公园内住有700余户热情好客的水族人家，那些能歌善舞、开朗大方、风姿迷人的山妹子，为尧人山演绎着人与自然和谐相处的美好篇章。

尧人山国家森林公园将大自然与人的奇、古、野、幽融于一体，是现代人休闲度假、旅游观光的理想之地。

尧人山国家森林公园的主要景点如下。

## 来楼古寨

这是一个地处万山丛中的水族古寨，寨上房屋为水族木质结构的干栏式建筑，屋基呈前低后高，形成吊脚楼。步入其间，面对和谐的环境，犹如走进一个与世无争、超脱红尘的境地，令人浮想联翩。

## 鸳鸯瀑布景区

鸳鸯，顾名思义是成双成对的。这里有雄雌两个瀑布，分别高度为72米、86米。

相传在远古时候，尧人山上有一对青年男女，男的名字叫阿

第九章 走进水族聚居地

阳,女的叫阿燕,他们经常约到仙女潭边来幽会,二人的感情越来越深,已发展到无法分开的地步,但他们的行为却遭到同族的极力反对,因为水族民间同族不能结婚是自古以来定下的规矩,任何人都不能破坏,否则将遭受严重的惩罚。一天,二人又幽会在仙女潭边,并且还将衣裤脱了个精光在潭中洗澡。寨里人在山上砍柴发现后,气得怒火直往上冲,立马跑回寨里喊来众人,将阿阳和阿燕捆个结实,装进猪笼里沉到仙女潭底。二人死后变成一对相亲相爱的鸳鸯,又经常在仙女潭的水面上戏耍。人们咽不下这口"伤风败俗"的恶气,又纠集人用火药枪打。阿阳和阿燕负伤,在飞逃的途中,带着一身的水珠和鲜血分别掉进深沟里。突然天上雷雨大作,这场雨一直下了三天三夜。此后发现,阿阳和阿燕飞落的地方分别出现了两个大瀑布,由此人们就把它叫作鸳鸯瀑布了。

## 水族湾

水族湾被游客誉为避暑胜地,并有"天然空调之所"的美称。面积约20亩,整个水寨森林环绕,那里有排笛瀑布、情人谷等景点。在水族湾我们还可以观赏到被称为植物"活化石"的桫椤,还有神奇的"风流草"、斗鱼等。

水族湾为游客朋友准备了农家饭,推出"玩家宴""森林

> **知识链接**
>
> **风流草** 尧人山上有"三宝":石蛋、斗鱼、风流草。风流草是尧人山上独有的一种珍奇灵草,每当有男女青年在它的旁边唱起情歌时,它的叶子就会自然而然地随着优美的歌声摆动起来。歌声激昂时,两张叶片竟然动情地扭成一团,犹如一对相互拥抱的情侣。当歌声远去,两张叶片才慢慢舒展开来,恢复原状,纹丝不动,又仿佛是依依不舍的热恋情人在诉说离愁别绪。
>
> **斗鱼** 会打架的鱼,这种鱼小巧玲珑,浑身布满漂亮的暗花斑纹,拖着飘逸的三叉尾,游动起来潇洒自如。然而,就在其美丽的外表后面,却暗藏凶猛的天性。当两尾雄鱼相遇时即兵戎相见,相互猛烈撕咬,一招一式有板有眼,有的为一决雌雄,追逐厮杀直至粉身碎骨,场面极为惨烈,情景之凄楚令人惨不忍睹。

斗鱼 ▶

宴""水族宴"等特色佳肴，价廉物美，供游客朋友选择、品尝。

### 龙塘景点

龙塘瀑布是一个三级瀑布，总高82.5米，林间溪流汇集，浩浩荡荡地从断崖上跌宕而下，在错落不平的峭壁上飞珠溅玉，如天女散花。而大股瀑流则按捺不住长途跋涉的寂寞，以一种摧枯拉朽般的神力直冲潭底，汹涌澎湃，声震山谷，身临其境，令人不寒而栗。在一级瀑布下的深塘叫龙塘。

### 古代军事遗址

这处古代军事工事及居住遗址位于尧人山国家森林公园海拔1 300余米的尧人山主峰腹地。遗址主要有射箭场、演武场、赛马坡、八卦坡等古代军事工事遗址。在尧人山主峰南麓的水龙乡祥寨村还有一块约为清朝时期遗留下来的古师碑，碑上刻有"独山州示"等繁体字，清晰可辨。据说是太平天国的一支义军为躲避朝廷追剿，藏身于尧人山诸峰。后在主峰天池一带安营扎寨，操练军事。我们在调查中发现，三都县有太平天国时期的钱币，估计这种说法有一定的根据。

## 荔波——世界自然遗产地

荔波县位于贵州省南部，总面积2 431.8平方千米，少数民族占总人口的90%。属于亚热带季风气候。荔波山清水秀，四季长春，人杰地灵，是一块神秘而古老的热土，境内主要有国家重点风景名胜区——樟江风景名胜区，国家级茂兰喀斯特原始森林自然保护区，是中共一大代表邓恩铭烈士的故乡及红七军一、二纵队板寨会师旧址，是一个绿色文化、红色文化以及古朴浓郁的少数民族风情文化交相辉映的旅游胜地，令人神往。它还是贵州省目前唯一的国家级卫生县城。

## 荔波樟江风景名胜区

在贵州省黔南布依族苗族自治州荔波县境内,位于云贵高原向广西丘陵盆地过渡的斜坡地带,是世界自然遗产地。处于桂林—贵阳—昆明的三角旅游空白区内。风景名胜区喀斯特地貌发育完整,喀斯特形态多种多样,锥峰尖削而密集,洼地深邃而陡峭,锥峰洼地层层叠叠,呈现出重峦叠嶂的喀斯特峰丛奇特景观。风景名胜区由小七孔景区、大七孔

◀ 荔波樟江风景名胜区

景区、水春河景区和樟江沿河风光带组成。景区以千姿百态、独具特色的地貌景观、神奇茂密的原生植被、珍稀罕见的生物群种、绮丽多姿的真山真水为特色。

## 茂兰喀斯特森林自然保护区

荔波还拥有极其珍贵的喀斯特森林资源。县境内东南面建立了国家级荔波茂兰喀斯特森林自然保护区,总面积21 285公顷,森林覆盖率87.54%。区内已鉴定出种子植物144科,493属,1 273种;苔藓植物186种,大型真菌163种;脊椎动物300多种。这些珍稀植物和动物,具有很高的研究价值。茂兰喀斯特森林是目前我国乃至地球上同纬度地区罕见的中亚热带喀斯特

◀ 喀斯特地貌

森林残存,它不仅是科学工作者研究喀斯特森林、植被、动物、土壤、水文、气象、地貌及生态环境等自然科学的宝贵场所,也是广大旅游者梦寐以求的生态旅游胜地。近年已经开辟了生态旅

游，奇特的喀斯特风光胜景吸引了一批批观光者。

## 邓恩铭烈士故居

邓恩铭，中国共产党的创始人之一，山东地区学生运动、工人运动的卓越领导者。邓恩铭是中国共产党一大13名代表中年纪最轻者，又是唯一的少数民族（水族）的代表。

邓恩铭，原名恩明，字仲尧，贵州荔波人，1901年生。16岁离开家乡赴山东求学，考上山东省立一中，在五四运动中被推选为学生自治会负责人，接着与济南第一师范的学生会领袖王尽美等人先后成立了马克思主义学会、山东共产主义小组，从而成为党的一大、二大、五大代表，还参加了共产国际在莫斯科召开的远东共产党和民族革命团体第一次会议。曾经担任中共青岛市委书记，1925年8月出任中共山东省委书记。曾到毛泽东主持的中央农民运动讲习所讲课。1928年12月，因叛徒告密，邓恩铭不幸被捕，于1931年4月5日在济南纬八路刑场英勇就义，时年30岁。

邓恩铭出生在荔波县的水浦村，幼年随其父移居荔波县城，现在城内向阳路21号是烈士幼年少年时居住的地方，近年已开辟为"邓恩铭烈士故居"，列为省级文物保护单位和省级爱国主义教育基地，供广大游人敬仰、参观。

邓恩铭烈士故居是一栋三间土木结构的普通民房，坐西朝东，当街而立。门对面左侧十余米处有一株枝繁叶茂、四季常青的大榕树，绿荫蔽日。故居屋后是一个小小的庭院，院内有烈士少年时亲手栽培的万年青和棕榈树，至今仍挺拔屹立，枝叶葱茏。

◀ 邓恩铭

邓恩铭从10岁起住在右间外室，并兼作书房，一直住到16岁时离开家乡。室内陈列着烈士少年时代用过的笔、墨、砚台、墨盒、玉首饰、幅符、衣架、马灯、家信等实物，以及介绍烈士生平和革命事迹的图片、资料，还有党和国家领导人的题词。

# 第十章
# 民族区域自治

　　三都水族自治县是全国唯一的水族自治县。走进三都就是走进水族,走进三都就是走进水族文化的中心。在三都的相邻县市同时设立了民族乡。为了更加全面了解水族文化,以及各地水族的基本情况,让我们一同走进水族各个民族乡镇吧!

# 三都水族自治县

　　1957年1月2日，全国唯一的水族自治县，三都水族自治县成立了。自治县是以原三都县为基础，再从邻近的荔波、都匀、独山、榕江等县划拨37个水族聚居乡并入而建成的。由于管理不便，从1961—1963年期间，分别将从都匀、独山、榕江等县划入的行政管理单位，以及从荔波划入的部分行政管理单位划归原籍。

　　三都水族自治县是全国唯一的水族自治县，隶属于贵州省黔南布依族苗族自治州。

　　三都水族自治县是黔南布依族苗族自治州十个县之一，也是黔南布依族苗族自治州中唯一的一个自治县。全县总人口为36万人，全县总面积约2 400平方千米。三都县位于黔南州东南部，自从夏蓉高速公路修通之后，从贵州省省会贵阳市到三都县城120千米，约需1个小时40分钟的车程，从黔南州州府都匀市到三都县城42千米，约需50分钟的车程。乘坐贵广快速铁路，可以在三都县站上下车，县城至三都县站段开通"三都高铁站客运专线服务车"服务通道，高铁旅客换乘主要以客运专线服务车为主，出租车为辅，其他出行方式为补充。

三都水族自治县三合镇

三都水族自治县，县政府驻三合镇。位于贵州省南部，黔南布依族苗族自治州东南部，地跨东经107°40′47″~108°14′10″，北纬25°30′50″~26°10′50″之间。东、北邻黔东南苗族侗族自治州榕江县、雷山县、丹寨县，西、南界本州的都匀市、独山县、荔波县。东西宽56千米，南北长78千米。境内山峦重叠，丘陵起伏，溪流交错。都柳江、樟江42条支流纵横交错。有林地面积236万亩，森林覆盖率66%。都柳江沿岸素有"百里林海"之称，是贵州省10个重点林业县之一。全县辖10个镇、11个乡、270个行政村、4个居委会，县人民政府驻三合镇。2013年，县辖10个镇即三合镇、大河镇、丰乐镇、合江镇、普安镇、都江镇、中和镇、廷牌镇、周覃镇、九阡镇；11个乡即交梨乡、拉揽乡、打鱼乡、坝街乡、羊福乡、巫不乡、水龙乡、塘州乡、三洞乡、恒丰乡、扬拱乡。下辖270个村、4个居民委员会，2 153个村民小组。

三都水族自治县县委和县政府

2014年撤乡并镇，设三合街道、大河镇、普安镇、都江镇、中和镇、周覃镇、九阡镇等一个街道6个镇。

行政区划可以分为北、东、南三大块。北面有三合街道、大河镇、普安镇1街道2镇，以布依族、苗族和水族为主；东面有都江镇1镇，以水族、苗族为主；南面有中和镇、周覃镇、九阡镇3镇，是中国水族的主要聚居区。

进入21世纪以来，特别是近几年以来，三都水族自治县以深化改革为动力，强化农业基础设施建设，积极实施科教兴农，工业强县，城市化带动，民族文化旅游带动等发展战略，大力推进农业产业化经营，调整农业种植产业结构，使农村经济社会不断跃上新的台阶，积极引进工业企业，发展民族文化旅游。到2012年农民人均纯收入由2000年的1 059元增加到4 962元。

# 民族乡

全国在三都水族自治县之外的水族集中地区，成立了17个水族乡（含联合乡），其中贵州16个，云南1个。

贵州境内的水族乡16个。分布在黔南自治州的有9个：都匀市的基场、阳和、奉合，独山县的本寨、甲定、翁台，荔波县的永康、水尧、水利。荔波的佳荣镇也是水族聚居地，以前设水族乡，现在为镇。分布在黔东南自治州的有7个：雷山县的达地，榕江县的水尾、定威、仁里、三江、兴华、塔石（与瑶族联合）。

云南省富源县有古敢水族乡。1982年全国人口普查后建立。

风景秀丽的都匀水族聚居地套头

## 基场水族乡

基场水族乡基场俗称内套，位于都匀市境南部距都匀市区62千米。辖区东南邻三都水族自治县普安镇，南连三都县丰乐镇，西连都匀市王司镇、阳和水族乡，北邻黔东南丹寨县龙泉镇，面积44.93平方千米。2006年总人口12 141人，其中少数民族约占99.1%，水族人口5 171人，占总人口的43.8%，其他为苗族、布依族、汉族。乡政府驻基场场坝。辖基长、民生、阳光、永立、合群、翁降、新

基场乡政府内套

华、翁奇8个行政村，65个村民小组，58个自然寨。

## 阳和水族乡

阳和水族乡俗称外套，位于都匀市东南部，距市区约44千米。东邻三都县丰乐镇，南与独山县接壤，西毗奉和乡、王司镇，北抵基场水族乡。阳和乡1953年划分为潘洞、南庄、富河3个乡，1956年8月南庄并入潘洞；1957年划归三都水族自治县。1961年8月复归都匀。1984年8月建阳和水族乡，乡政府驻潘洞。辖潘洞、洒洋、翁高、安全、富裕、翁条、光荣、翁勇、福庄、新民10个行政村，78个村民组。2005年，行政村改革后，全乡辖4个行政村，44个村民小组，68个自然村寨。总面积55平方千米。境内山脉纵横，落差明显。平均海拔875米，最高1 650米，最低565米总面积。都（都匀）三（三都）公路经过乡政府，横穿境内3个村8个村民小组，境内里程10.4千米。2006年12 500

阳和水族村寨

人,居住有水、苗、布依、汉等民族,其中水族10 000人,占总人口的84%,主要姓氏韦、蒙。全乡耕地面积6 400亩。该乡以农业生产为主。全乡旅游资源洞瀑布登景点初步得到开发。

## 奉合水族乡

奉合水族乡位于都匀市东南部,距市区30千米,东邻阳河乡,南邻独山县兔场镇、翁台水族乡,西邻良亩乡,北邻王司镇。面积52.5平方千米。辖奉合、合心、联盟、大定4个行政村,34个村民小组,55个自然村寨。2006年,人口7 133人,水族人口2 643人,水族占总人口的37.05%。主产水稻、小麦、油菜,其次是红薯、洋芋。全乡有耕地4 363亩,其中水田2 961亩,旱地1 402亩。该乡的椰木水寨被誉为"黔南第一水寨",是一个仅有80多户人家400多口人的水族群众聚居的村寨。

2014年由于撤乡并镇工作,都匀的三个水族乡已经撤销,统一为归兰水族乡,乡人民政府驻奉合村。

都匀奉合水族村寨

## 翁台水族乡

翁台水族乡位于独山县境东北面,距县城45千米。翁台乡1957年由独山划入三都水族自治县,后又改归独山县。1984年落实民族政策,重建翁台水族乡,乡人民政府驻地苗翁。东邻三都水族自治县大河镇,南连甲定水族乡,西接兔场乡,北与都匀奉合水族乡相连,辖苗翁、甲乙、李章、班台、罗平5个行

翁台水族乡

政村，29个村民小组。全乡国土总面积45平方千米，2006年，人口3 012人，其中水族人口1 665人，55.3%。耕地面积6 453亩，其中田4 047亩，旱地2 406亩。全乡有5个村通电，通公路，5个村用上了自来水，建成农村地面卫星接收站10个，可收看多套电视节目。乡境内最高海拔1 557米，最低海拔520米，平均海拔1 120米。属亚热带季风湿润气候，年无霜期260天左右，年平均气温14.4℃。地势多高山深谷，最高海拔为西部大坪坡1 557米，最低点干田河谷520米，平均海拔1 120米。属亚热带季风湿润气候，年无霜期260天左右，最高气温28℃，最低气温零下4℃，平均气温14.4℃，全年有三分之二的时间为雨雾天气，年平均降水量1 568.8毫米。翁台水族乡现有茶园面积2 458亩，部分群众通过种茶走向致富之路，茶叶已成为群众增收的一个主要渠道。

## 本寨水族乡

本寨水族乡位于独山县境东部，距县城35千米。1991年"建并撤"后，将温泉水族乡并入本寨乡，建立本寨水族乡，因原乡

◀ 本寨水族乡

政府驻地于本寨而得名,现乡政府驻地塘立,距独山县城36千米。东与三都县廷牌、塘州乡毗邻,南与荔波县甲良镇接壤,西与基长镇交界,北与水岩乡相接。

全乡总面积145平方千米,下辖本寨、塘脚、黎罗、新和、甲点、干龙、月亮、玉屏、磨碑、约寨、柄怀、丙麻、高核、羊场、中安、林桥、天星、农力、群力、联合20个行政村,176个村民小组,耕地面积18 852亩,其中田15 950亩,土2 902亩,有林地面积94 287亩,2006年5 766户24 619人,少数民族人口22 094人,占总人口的98%,是水族、布依族、侗族等多民族聚居的少数民族乡镇,水族人口9 779人。

旅游资源丰富,有待开发的温泉,常年水温39℃,主泉口日流量103立方米,周围植被保存完好,风景优美,泉边有设施齐全的玉龙山庄为旅游者解除后顾之忧。温泉周边还有亮洞、一线天等风景。有多彩的民族文化、典雅的民族风情,各族人民勤劳好客,水族端节分批分姓过年,亲朋好友相互走访、问安、敬酒,届时歌声朗朗,铜鼓声声。端节赛马尤为闻名,水乡骑手多次夺得州县赛马冠军。六月六洗澡节更是独具民族风情,那时,青年男女分别以传统方式下河裸浴,上岸对歌,情形动人,场面宏大。

## 甲定水族乡

甲定水族乡位于独山县城东北部,距离县城37千米,东与三都县合江镇;南与水岩乡、城关镇;西与兔场镇、麻万镇;

甲定水族乡

北与翁台乡接壤。甲定原属定台乡，1957年划入三都水族自治县，后改归独山。1960年建立甲定公社。1984年称甲定水族乡。全乡总面积55.81平方千米。最高点大风坪，海拔1 628米，全乡平均海拔1 214米，是独山县的边远高寒地带，素有"独山西藏"之称。年平均气温13℃，最低气温8℃左右，年均降雨量为1 570毫米。

地缘东连三都水族自治县的合江，南接城关新民、江寨，北连翁台乡，西和兔场镇、拉林乡相邻，乡政府驻地甲定，距独山县城30千米，辖巴才、米董、甲定、甲西、达头、新东、坝黎7个行政村，36个村民小组。2006年时为990户，3 593人，水族3 022人，占84.1%。

甲定乡地处高寒，阴湿多雾，地势险恶，沟壑纵横，是经济社会发展较落后的少数民族聚居区。经甲定乡历届党委政府的不懈努力及上级的大力扶持，加强通电、修路、架桥、饮水等基础建设，目前，全乡经济社会等各项事业呈现蒸蒸日上的良好发展势头，使昔日贫困的面貌日益好转。

2014年，经贵州省人民政府批准，独山县的本寨水族乡并入新设置的玉水镇，镇人民政府驻新和村。甲定水族乡、翁台水族乡并入新设置的影山镇，镇人民政府驻友芝村。独山的民族乡成为一种民族的历史记忆。

## 水利水族乡

水利水族乡位于荔波县中部偏西北,东与玉屏镇、三都县周覃镇毗邻,西与方村、播尧乡接壤,南与玉屏、朝阳镇相连,北与甲良镇和三都县恒丰乡、周覃镇相邻。乡政府驻地在水利村老街组,辖水利、水岩、水丰、尧棒、洞托5个行政村,49个村民小组,1 450户6 239人,面积126.4平方千米。全乡耕地面积4 339亩,人均0.7亩。其中水族占82%。1932年置水利、水丰2乡。1942年改设水利乡。1953年设水利、水丰乡。1958年先后并入超美、黎明2公社。1961年建水利公社。1984年改置水利水族乡。多林木,有熊山原始林区,产辣椒。乡人民政府驻地水利,在玉屏镇西北11千米,马鞍山东麓,海拔890米。"水利"系水语译音,意为水族居住的好地方。

水利水族乡

## 水尧水族乡

水尧水族乡位于荔波县中部偏东北,东北与三都县九阡镇接壤,东邻茂兰镇,西靠玉屏镇,南接永康水族乡,乡政府驻水尧村板央寨,距荔波城13千米,荔波南下两广的主要通道经过该乡。于1984年成立水尧水族乡,辖水尧、水捞、水功、拉交、水瑶、新春6个行政村,32个自然寨,46个村民小组,辖区总面积

水尧水族乡
水族村寨

90.7平方千米。共有1 500余户，7 600多人，其中水族占总人口数的79.5%，布依族占总人口数的12.2%。2006年，粮食总产2 650吨，年人均收入1 850元。乡有中心小学1所，村级完小5所，初级中学1所，学生1 300人，教师85人。乡级卫生院1个，村级卫生室4个，民间骨科草医医院1个，民间诊疗点1个，乡卫生院医生5个，村医务人员4个。民族节日主要是卯节（农历六月）和额节（农历九月）。水尧境内新建有飞机场，2007年10月正式通航。

## 永康水族乡

永康水族乡于1984年设立，位于荔波县中部，地处茂兰保护区境内，乡政府驻地距县城15千米，东接茂兰镇、洞塘乡，南与翁昂乡为界，西与朝阳镇、玉屏镇相连，北面为水尧水族乡，属省级二类贫困乡，辖6个行政村，42个村民小组，32个自然寨。

全乡总面积103.5平方千米。山多地少，耕地面积5 323亩，其中田面积4 376亩，土面积947亩，人均耕地0.84亩，全乡有林

永康水族乡 ▶

地面积3.55万亩，森林覆盖率为88%。优势树种为马尾松、杉木、杂木及竹类；有天然草场4.32万亩，占全乡总面积的27.7%。少数民族人口占总人口的98.5%，其中水族占76%，布依族占22%，其他民族占2%。全乡5个校点，在校生有524人，在职教师39人，入学率为100%，乡卫生院一所，医务人员6人。乡境内山青峰奇，有国家级茂兰喀斯特自然保护区面积2 720.9公顷，占总面积的26.29%。海拔730米，年平均气温16.8℃，年降雨量1 350毫米左右。水族、布依族的民族历史悠久，民俗风情浓郁。境内的山、水、洞、林等可开发旅游资源较为丰富。

永康是一个典型的农业乡，全乡无工业企业，农作物以水稻、玉米为主，产有大豆、油菜、蓝靛、辣椒、棉花等。2010年水稻种植面积4 000亩，玉米1 100亩，实现粮食总产量2 542吨，农业总产值1 930万元。据统计，全乡外出务工人员1 048人。外出人员人均年收入近万元，逐步实现农村富余劳动力向非农产业和城镇转移，外出务工已成为解决"三农"问题的根本出路之一，也是增加农民收入的重要途径。乡境内在国家级茂兰喀斯特自然保护区内，具有浓郁的民族风情的旅游资源，主要节日

荔波小七孔景区 ▶

为卯节和额节。

2014年，经贵州省人民政府批准，荔波县水利水族乡和水尧水族乡并入新设置的玉屏街道，街道办事处驻城西社区。永康水族乡并入新设置的黎明关水族乡，乡人民政府驻拉内村。

## 兴华水族乡

兴华水族乡位于榕江县境西部，距县城37千米，东界定威水族乡，南界水尾水族乡，西与三都水族自治县坝街乡接壤，北与三江水族乡毗邻。乡政府驻兴华场，总面积181.29平方千米，辖星光、星月、摆乔、摆贝、高旧、高排、摆吉、田懂、乌秀9个行政村51个村民小组，共77个自然寨。1956年划入三都县，1963年复归。1984年置兴华水族乡。2006年，全乡10 121人。其中水族6 173人，其他民族3 948人。全乡耕地面积5 505亩，林地面积10.6万亩，以松、杉为主，次为薪炭林，桐油林，活立木储量22.31万立方米。森林覆盖率66.89%。主产水稻，也产玉米、小麦、土豆等。政府驻地赶集为卯西日。特产有香菇、木耳、竹笋等。乡境内清咸丰、同治年间农民起义军根据地尚存。

◀ 水族长桌宴

## 定威水族乡

定威水族乡位于榕江县境内西部，距县城西南27公里。东界八开乡，南界计划乡，西邻兴华水族乡，北连三江乡，西南邻水尾乡。总面积145.17平方千米。辖定旦、亚勇、摆头、计水、功台、格览、控乃7个行政村，33个村民小组，36个自然村寨。2006年人口6 527人。其中水族3 436人，其他民族3 091人。

全乡耕地3 810亩，其中田3 150亩，地660亩。林地19.91万亩，活立木储量39.37万立方米，森林覆盖率65.38%。以杉、

榕江水族

松、杂木为主,林业特产有榉木、楠木、香樟等名贵木材和香菇、木耳及畜牧、特产香猪和小个黄牛等。境内交通方便。水路有都柳江自西向东横穿乡境,可行机帆船。沿江有321国道贯通都柳江、榕江。乡政府驻地定威场坝。定威场赶场日期为巳、亥日,历为榕江县南端山货集散地。

## 塔石瑶族水族乡

塔石瑶族水族乡位于榕江县西北面,距县城39千米。乡政府驻地塔石。东界平永镇,南邻三江水族乡,西与雷山县接壤,北与平阳乡毗邻,总面积89平方千米。1941年置宰勇乡,属三都县。1947年更名盘石乡。1953年划入榕江县。同年由平阳乡设置平由乡。1959年撤乡并入平永公社。1961年析建宰勇公社。1984年改置塔石瑶族水族乡和平由乡。1984年合并置塔石瑶族水族乡。辖塔石、怎东、宰勇、党调、怎贝、桥秧、同溜、党相、党细9个行政村,85个村民小组。2006年,共2 000余户,10 289人,其中瑶族3 910人,水族3 098人,苗族1 841人,其他民族1 440人。全乡耕地面积5 505亩,林地面积10.6万亩,其中森林面积6.91万亩,以松杉杂木居多,活立木蓄积量17.12万立方米,森林覆盖率66.89%,林业特产有香樟、榉木等珍贵木材。2013年,全乡实现农业总产值6 700万元,比上年增长7.8%,粮食总产量为2 800吨,农民人均纯收入4 776元,

塔石瑶族水族乡建乡三十周年

较上年增加1 376元,全乡脱贫人口921人,经济社会各项事业保持稳步发展。

## 水尾水族乡

水尾水族乡位于榕江县西南面月亮山区,距县城40千米。东界计划乡,东北邻定威水族乡,南界荔波县,西接三都水族自治县,北与兴华乡毗邻。水尾因处牛场河之源头(尾),故得名。乡政府驻地拉已。2006年辖水尾、水彭、上下午、高望、拉速5个行政村,27个村民小组,共3 682人,其中水族3 560人。1956年划归三都县,1963年复归。1984年置水尾水族乡。最高海拔1 093米,最低450米,乡政府驻地拉已600米。耕地面积2 250亩,其中田1 845亩,土405亩,主产水稻,亦产玉米、小麦、土豆等。林地面积20.7万亩,其中用材林15.98万亩,薪炭林3 837亩,活立木储量83.84万立方米,森林覆盖率56.93%。林业树种主产杉、松、榉木、樟木、楠木、栎类阔叶优质木材,储量也很丰富。特产有香菇、木耳、香猪等。石煤矿丰富。

榕江县水尾水族乡水书先生陈正权祖传的册页彩色水书

## 仁里水族乡

仁里水族乡位于榕江县西北面,距县城26.5千米,东界崇义乡,南和西界平永镇,北界乐里镇,东南与忠诚镇相连,总面积82.31平方千米。乡政府驻大湾。仁里原名勒龙、勒里、瑞里。1953年置仁里乡,1984年置仁里水族乡,辖仁里、党扣、公街、乔腮、通倒、摆赖、太元、寿昌8个行政村,54个村民小组。2006年,全乡人口11 330人。其中水族2 425人,侗族5 823人,苗族1 293人,其他民族1 790人。全乡耕地面积6 765亩。其中田5 745亩,土1 020亩。林地8.96万亩,以松、杉为主,次为薪炭林、桐油林,活立木储量22.31万立方米。森林覆盖率63.84%。主产水稻,亦产玉米、小麦、土豆等。

水族村寨

## 三江水族乡

三江水族乡位于榕江县境内西面,距县城29千米。东连平江乡,南界定威水族乡,西邻三都水族自治县,北靠塔石乡,东北与平永镇接壤,西南与兴华水族乡毗连,西北与雷山县相依。总面积201.23平方千米。乡驻地怎冷是榕江县西部重镇。辖怎冷、长岭、桥由、有埃、四格、有路、脚车、乔来、分从、里利、乔乌、故衣、冷衣13个行政村,72个村民小组。2006年人口12 999人,其中水族3 153人,全乡耕地面积8 175亩,其中田7 333亩,地840亩。林地26 000亩,其中森林面积226 400亩,活立木储量69万立方米,森林覆盖率68.49%,林业特产有香菇、木耳。

## 雷山县达地水族乡

达地水族乡位于雷山县南端,1949年属三都县四区(上江)。达地水族乡成立于1992年,地处雷山县南面,距县城86千米,东临榕江县塔石、三江乡,南靠三都水族自治县巫不、羊福乡,西连丹寨县雅灰乡,北与雷山县永乐镇毗邻,是雷山县通往夏蓉高速公路(距榕江四格匝口仅有20余千米)和贵广快速铁路及连通黔南州的南大门,是周边几个乡镇最集中的物资集散地,是雷山县东南重要的商贸集镇。

总面积72.9平方千米,有耕地面积8 487亩,其中田面积6 658亩,土面积1 829亩。辖10个村民委员会和1个居民委员

◀ 水族村寨

会，有97个村民小组，135个自然寨。2012年总人口11 229人，少数民族人口9 522人，其中水族人口4 300人，占全乡总人口的38.3%。

2007年公路实现了村村通。达地水族乡是贵州省水族人民聚居地之一，也是雷山县唯一的一个民族乡。达地地处"两州四县六乡"交界县处，有4条出口公路，分别连接黔南州三都县巫不乡、羊福乡，丹寨县雅灰乡和榕江县塔石乡至本县县城，集贸市场比较繁荣。每到赶场天，与该乡相邻的榕江、三都和丹寨等部分乡镇商人以及群众纷纷涌入达地赶集，农闲时节每场赶集人数达1万多人，繁荣的集贸市场有力促进了达地的经济发展。全乡有医院一所，医师6人；有学校11所，其中，中学1所，村校7所，教学点3个，现有教职工99人；在校学生1 769人。居住在这里的有苗、水、侗、瑶等民族，有浓厚的民族乡节日，特别是水族端节，具有独特的民族特色；与乡政府驻地有3千米的野蒙寨，有黑苗的民族盛装，深受省内外游客的喜爱，并有民族服饰研究的价值。2012年国内生产总值8 634万元，人均生产总值7 700元，人均纯收入3 460元。

达地水族乡

## 黎平县雷洞瑶族水族乡

雷洞瑶族水族乡，位于黎平县东南部，地处黔、桂两省（区）交界，东、南面与广西三江县独峒、同乐两乡交界，西、北面与本县水口镇、龙额乡、洪州镇接壤，通往广西三江县的水口至牙双公路穿境而过，乡所在地雷洞村距县城100千米（直线39千米）。雷洞瑶族水族乡始建于1992年2月，由撤区并乡建镇以前的牙双小乡8个村和雷洞瑶族乡8个村组建而成，辖16个行政村，56个自然寨，99个村民小组。2011年有3 170户12 779

人，其中水族1 300人，全乡农民人均纯收入1 442元。

全乡国土面积82平方千米，总耕地面积7 005亩，田面积6 535亩，人均占有耕地面积为0.59亩，国土面积82平方千米，90%以上土地属山地、丘陵，山高坡险，山峦起伏，森林茂密，古树参天，森林覆盖面积占全乡国土面积的64%，平均海拔555米，气候特征总体上属于中亚热温暖、湿润的季风气候，年平均气温17℃，年降水量1 250毫米，无霜期285天。主产杂交水稻、糯禾、油菜、茶油等，特产罗汉果、百合、银杏。农民经济收入主要来源于种养殖业、加工业和外出务工，加工业主要有竹器编制和宝石加工等。

### 云南省富源古敢水族乡

古敢水族乡建于1988年2月，位于富源县东南部的云贵交界处，西面与该县的黄泥河镇毗邻，东、南、北三面与贵州省黔西南州兴义市的坪东、乌沙、清水河、威舍镇接壤，是贵州省黔西南州进入富源、盘县的必经之路，素有"滇黔锁钥"之称，是云南省富源县的东大门。古敢水族乡人民政府驻地古敢村，距富源县城135千米，距贵州省黔西南州州府兴义市27千米，距黄泥河镇17千米，距南昆铁路国家二级编组站威舍站火车站13千米，距贵州省国家级风景名胜区马岭河峡谷31千米，距曲靖市罗平县（旅游县）80千米。境内有南昆铁路在富源县唯一的一个火车站——大田边火车站。

全乡辖古敢、沙营、补掌3个村民委员会，38个自然村，61个村民小组，古敢水族乡居住有汉、水、彝、苗、白、回、布依和蒙古等8个民族。

古敢水族乡是云南省唯一的水族行政建制乡，少数民族人口占总人口的35%。随着经济社会的发展，很多水族传统文化濒临灭绝。为了保护濒危的水族传统文化，古敢水族乡党委和政府高度重视，先后安排20人次到贵州省三都水族自治县学习水族文字、语言、歌舞、乐器演奏、服饰制作、特色刺绣等，并制作水语宣传画册，计划在中小学校开设水语课，组织全乡干部职工学习水族语言文字及歌舞。

# 参考文献

1. 《水族简史》编写组. 水族简史. 贵阳：贵州民族出版社，1985
2. 陈稠彪. 走进神秘三都. 贵阳：贵州人民出版社，2005
3. 陈国安. 水族. 北京：民族出版社，1993
4. 陈思. 水书揭秘. 北京：光明日报出版社，2010
5. 程瑜. 三都水族：贵州三都水族自治县塘党水乡调查与研究. 北京：知识产权出版社，2008
6. 秀云，周晓丽. 水各村调查（水族）. 北京：中国经济出版社，2010
7. 范禹等. 水族文学史. 贵阳：贵州人民出版社，1987
8. 冯举高. 弯路直走：潘一志传奇人生实录. 贵阳：贵州人民出版社，2006
9. 富源县民宗局. 富源水族民歌. 昆明：云南民族出版社，2004
10. 广西壮族自治区编辑组和《中国少数民族社会历史调查资料丛刊》修订编辑委员会. 广西彝族仡佬族水族社会历史调查. 北京：民族出版社，2009
11. 贵州省档案馆. 揭秘水书：水书先生访谈录. 贵阳：贵州民族出版社，2010
12. 贵州省档案局（馆）和荔波县人民政府. 泐金–纪日卷. 贵阳：贵州人民出版社，2007
13. 贵州省民族事务委员会和贵州省民族研究所. 贵州"六山六水"民族调查资料选编（水族卷）. 贵阳：贵州民族出版社，2008
14. 何积全. 水族民俗探幽. 成都：四川民族出版社，1992
15. 何羡坤. 荔波水族. 北京：中国文史出版社，2009
16. 黄桂秋. 水族故事研究. 南宁：广西人民出版社，1991
17. 刘世彬. 中国水族文化散论. 贵阳：贵州人民出版社，2005
18. 刘之侠，潘朝霖. 水族双歌. 贵阳：贵州人民出版社，1997
19. 刘之侠，石国义. 水族文化研究. 贵阳：贵州人民出版社，1999
20. 蒙爱军. 水族经济行为的文化解释. 北京：人民出版社，2010
21. 莫善余等. 中国水书. 成都：巴蜀书社，2007
22. 潘朝霖，唐建荣. 水书文化研究. 贵阳：贵州民族出版社，2009
23. 潘朝霖，韦宗林. 中国水族文化研究. 贵阳：贵州人民出版社，2004
24. 潘瑶. 三都水族自治县非物质文化遗产名录图典文本. 贵阳：贵州人民出版社，2014

25. 潘一志. 水族学者潘一志文集. 成都：巴蜀书社，2009
26. 潘玉熙. 水家学研究. 贵阳：贵州民族出版社，1993
27. 黔南布依族苗族自治州文艺集成办公室等. 水族曲艺旭早研究. 贵阳：贵州人民出版社，1989
28. 三都水族自治县年鉴编纂委员会. 三都年鉴（2006—2010）. 北京：中国文化出版社，2007—2010
29.《三都水族自治县概况》编写组. 三都水族自治县概况资料汇编. 1984
30.《三都水族自治县概况》编写组. 三都水族自治县概况. 贵阳：贵州人民出版社，1986
31. 三都水族自治县志编纂委员会. 三都水族自治县志. 贵阳：贵州人民出版社，1992
32. 石国义. 水族村落家族文化. 贵阳：贵州民族出版社，2007
33. 司有奇，陆龙辉. 中国水族医药宝典. 贵阳：贵州民族出版社，2007
34. 王厚安. 水族医药. 贵阳：贵州民族出版社，1997
35. 王学文. 规束与共享：一个水族村寨的生活文化考察. 北京：民族出版社，2010
36.《贵州三都水族自治县概况》编写组及修订本编写组. 贵州三都水族自治县概况（修订本）. 北京：民族出版社，2007
37. 韦学纯，艾杰瑞等. 水－汉－泰－英词典. 曼谷：玛希隆大学出版社，2003
38. 韦学纯. 水语描写研究. 上海：上海师范大学，2011
39. 杨庭硕. 三都水族人家. 昆明：云南人民出版社，昆明：云南大学出版社，2003
40. 玉时阶等. 现代化进程中的岭南水族：广西南丹县六寨龙马水族调查研究. 北京：民族出版社，2008
41. 水族调查组. 云南民族村寨调查：水族富源古敢乡都章村. 昆明：云南大学出版社，2001
42. 张振江，姚福祥. 水书与水族社会——以《陆道根原》为中心的研究. 广州：中山大学出版社，2009
43. 张振江. 荔波水尧水族：贵州荔波水尧乡调查与研究. 北京：知识产权出版社，2008
44. 张振江. 荔波永康水族：贵州荔波永康乡调查与研究. 北京：知识产权出版社，2008
45. 张振江. 三都三洞水族：贵州三都三洞乡调查与研究. 北京：知识产权出版社，2012
46. 张振江. 双星水族：贵州独山双星水族调查与研究. 北京：知识产权出版社，2012
47. 祖岱年，周隆渊. 水族民间故事选. 上海：上海文艺出版社，1988
48. 周崇启，韦族安，石国义. 水族教育史. 贵阳：贵州教育出版社，2009
49. 中国水书编委会. 水书. 贵阳：贵州民族出版社，2006

# 图片提供者

（按姓氏音序排列）

| | | | | |
|---|---|---|---|---|
| **包晓闽** | 第 186 页 | 第 142 页 | 第 43 页（上） | 第 113 页 |
| 第 82 页 | 第 187 页 | 第 154 页 | **韦仕钊** | 第 122 页 |
| 第 106 页 | **蒙国颖** | **潘永行** | 第 60 页 | 第 128 页（下） |
| 第 136 页 | 第 42 页（上） | 第 8 页 | 第 92 页 | 第 129 页 |
| **韩荣培** | **蒙耀远** | 第 15 页 | 第 96 页（上、下） | 第 130 页（上、左） |
| 第 24 页（下） | 第 35 页 | 第 21 页 | **韦述启** | 第 130 页（下） |
| 第 26 页（上、中） | 第 36 页（上） | 第 37 页（下） | 第 40 页（上、下） | 第 144 页 |
| 第 27 页（下） | 第 37 页（中） | 第 39 页 | **韦学纯** | 第 157 页 |
| 第 31 页（上） | 第 64 页（下） | 第 51 页（下） | 第 12 页 | 第 160 页 |
| 第 124 页 | 第 78 页 | 第 52 页 | 第 18 页 | 第 163 页 |
| 第 168 页（下） | 第 87 页（上） | 第 65 页 | 第 19 页 | 第 165 页 |
| **黄晓** | 第 90 页 | 第 66 页 | 第 20 页 | 第 169 页 |
| 第 17 页 | 第 117 页（下） | 第 67 页 | 第 24 页（上） | 第 173 页 |
| 第 55 页 | **潘朝霖** | 第 77 页 | 第 25 页（上、中、下） | **韦毓坤** |
| 第 93 页 | 第 45 页 | 第 117 页（上） | 第 26 页（下） | 第 102 页 |
| 第 95 页 | 第 146 页 | 第 130 页（上、右） | 第 27 页（上） | **依水** |
| 第 104 页 | **潘明山** | 第 145 页（下） | 第 28 页（中、下） | 第 145 页（上） |
| 第 108 页 | 第 71 页 | 第 152 页 | 第 29 页（上、中、下） | **藏水** |
| **李长华、吴昊** | **潘瑶** | 第 153 页 | 第 30 页（上、中、下） | 第 10 页 |
| 第 183 页 | 第 28 页（上） | 第 156 页 | 第 31 页（下） | 第 32 页（上、下） |
| 第 184 页 | 第 42 页（下） | 第 166 页 | 第 33 页（上、下） | 第 34 页（下） |
| **李贵安** | 第 57 页 | **三都鹏城学校** | 第 34 页（上） | 第 36 页（下） |
| 第 148 页 | 第 84 页 | 第 116 页 | 第 38 页 | 第 37 页（上、下） |
| 第 149 页 | 第 85 页（上） | 第 123 页 | 第 47 页（上） | 第 54 页 |
| **梁卫民** | 第 86 页（上） | **三都县志办** | 第 48 页 | 第 63 页 |
| 第 159 页 | 第 88 页 | 第 120 页 | 第 51 页（上） | 第 109 页 |
| 第 164 页 | 第 107 页 | **石国义** | 第 59 页 | 第 118 页 |
| **蒙光仁** | 第 110 页 | 第 16 页 | 第 64 页（上） | 第 151 页（上） |
| 第 43 页（下） | 第 112 页（上、下） | **石锦彪** | 第 68 页 | 第 162 页 |
| 第 174 页 | 第 126 页 | 第 94 页 | 第 69 页 | 第 168 页（上） |
| 第 175 页（上、下） | 第 127 页 | 第 139 页 | 第 76 页 | 第 172 页 |
| 第 176 页 | 第 128 页（上） | 第 150 页 | 第 85 页（下） | 第 182 页（上、下） |
| 第 177 页 | 第 131 页（上、下） | 第 151 页 | 第 86 页（下） | 第 185 页（上） |
| 第 178 页 | 第 132 页（上、中、下） | **王炳真** | 第 87 页（下） | 第 188 页 |
| 第 179 页 | 第 137 页 | 第 185 页（下） | 第 91 页 | 第 189 页 |
| 第 180 页 | 第 138 页 | **韦世特** | 第 97 页 | |
| 第 181 页 | 第 140 页 | 第 41 页 | 第 105 页 | |

# 后记

　　了解是理解的基础，各个民族之间要互相了解，互相理解，才能共同进步。《走近中国少数民族丛书》是走近各民族、了解各民族的一条快捷通道。

　　承蒙辽宁民族出版社的厚爱，《水族》一书让我来承担撰写任务。接受这个任务是三年前的事了，当时编辑李璜到办公室找到我，希望我能够撰写《水族》，我觉得这是我应该完成的光荣任务，没有多想就答应了。

　　这是水族第一本全彩色的介绍图书，虽然文字比较少，但图片是必需的，而且图片还得能够全面反映水族的方方面面。以前的图书以文字为主，这本书是图文并茂，所以图片的收集是一个很棘手的问题。我在北京工作，如果没有什么调查任务，是不会轻易回家乡去的。正好2012年中国社会科学院启动了国家社会科学基金特别委托项目、中国社会科学院"创新工程"重大专项《21世纪初中国少数民族地区经济社会发展调查》项目，由我所承担，我觉得应该申请水族调查这一部分，在张昌东书记的带领下申请了"贵州省三都水族自治县经济社会综合调查"子课题，子课题得到了院所领导的重视并立了项。2013年我带领课题组十多人奔赴家乡三都做了为期一个多月的调查，而完成这样的调查任务并撰写出高质量的调查报告远远超出我的能力，调查资料多得使我不可能在短时间内完全消化，但任务是必须按时完成的。这样《水族》一书的撰写任务不得不先放一放，等到2014年5月完成了《贵州省三都水族自治县经济社会综合调查研究》一书后交给专家审阅之后，接着的调查任务又来了，我参加了黄成龙教授和张曦教授主持的《四川省阿坝州茂县经济社会综合调查》，《水族》一书的撰写工作一直拖到7月四川茂县调查工作结束以后才开始。

负责家乡三都水族自治县的经济社会发展综合调查工作并提交报告之后，本书的撰写工作相对就容易一些，尤其是图片收集，就容易得多。本书的图片中有大量的图片是这次调查时采集到的。当然三都只是水族的一个大本营，其他地方的水族情况也是必须有所体现的，因此撰写和图片的收集工作还是必须从其他方面作补充，好在我平时就特别注意水族资料和照片的收集。本书所用的照片是各位朋友提供的，书中有的已经标明，还有的没有标明，没有标明拍摄者的有一部分是我自己拍摄的，还有一部分是无法知道是谁拍摄的。没有标明拍摄者只能向拍摄的朋友表示歉意，如果您是照片的拍摄者，希望您和我联系，以期望再版时标明并表示我的谢意。本书主要是水族文化的基本介绍，书中参考了众多前贤的著作，参考的著作在参考文献中已经列出。需要说明的是，本书的参考文献是读者进一步了解水族文化的重要书目。

本书的最终完成是众多朋友帮助的结果，需要感谢的相当多，由于篇幅的限制，这里不一一列出。但我还是特别要感谢的是：贵州省水家学会会长胡品荣先生、贵州民族大学水族专家潘朝霖教授、三都县县委潘德虎主任、包晓闽部长、潘永行调研员、张加春县长、人大韦其贤主任、政协韦成念主席、杨秀龙副主席、党史研究室龚正栋主任，此外，还有蒙光仁、蒙耀远、韩荣培、韦述启、潘瑶、韦仕杰、潘中西、潘兴文、潘明山、韦仕钊、韦世方、莫光武、韦仕通、韦光明、王治安、石绍军、韦国宏、平立豪、韦廷昌、韦学俊、韦国祥、韦学翔、潘建盘、刘劲松、赵兴文和杨圣波等师友，谢谢你们为本书提供了不少照片，也谢谢你们对我的大力帮助。

十分感谢辽宁民族出版社在出版方面的大力支持和帮助。需要向读者说明的是，由于本人知识所限，同时也由于本书成书时间的限制，书中疏漏和不到之处在所难免，敬请读者原谅。

中国社会科学院民族学与人类学研究所　韦学纯（水族）
2014年9月于北京